AF345559

ASDRÚBAL AGUIAR A
Miembro de la Academia Internacional de Derecho Comparado de La Haya

EL DERECHO INTERNACIONAL Y SU DECONSTRUCCIÓN EN EL SIGLO XXI

REFLEXIÓN PRELIMINAR
DIEGO VALADÉS

EDICIÓN AL CUIDADO DE
CARLOS ANTONIO AGURTO GONZÁLES
SONIA LIDIA QUEQUEJANA MAMANI
BENIGNO CHOQUE CUENCA

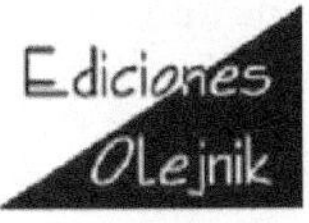

*A Mariela, astrolabio de nuestra familia
ya extendida, esperanza que cuidamos con celo.*

ÍNDICE

EL RÉGIMEN DE LA MENTIRA JUDICIAL Y LA DECONSTRUCCIÓN DEL SISTEMA JURÍDICO INTERNACIONAL. GUERRA HÍBRIDA Y «LAWFARE» EN EL SIGLO XXI

REFLEXIÓN PRELIMINAR

Diego Valadés [1]

He tenido el privilegio de conocer el contenido de esta obra antes de su publicación gracias a la invitación cordial de su autor para acompañarla con esta reflexión preliminar. Agradezco esta oportunidad, que debo a la antigua amistad que me une con el profesor Aguiar.

La lectura de esta obra es una invitación a meditar acerca de numerosos problemas del ordenamiento jurídico de nuestro tiempo. Su autor nos convoca a un diálogo enriquecedor a partir del planteo sobre la deconstrucción del derecho internacional en nuestro siglo. Este ejercicio analítico es ampliable al orden normativo interno; muchas de las consideraciones de derecho internacional que se formulan en la obra son aplicables a otras áreas del derecho, en especial la constitucional.

El texto inicia con una relectura, a la que bien llama deconstructiva, del derecho internacional en nuestro siglo. La relación entre norma y normalidad es muy dinámica y hace que una y otra interactúen en diversos planos. Las reglas juegan una función dual de conservación y de innovación, así como en lo social y cultural se combinan inercias inmovilistas y fuerzas de cambio. El dilema parmenídeo y heracliteano forma parte de toda organización y cuando se contemplan sus efectos a escala planetaria, como sucede al examinarse el derecho internacional, es necesario disponer de un gran bagaje intelectual para identificar cada pieza de las muchas que componen un ordenamiento cada vez más complejo.

Para saber qué y por qué permanece y qué y cómo cambia, se requiere estar muy familiarizado con el amplio conjunto de teorías jurídicas y con la miríada de fenómenos políticos que forman el paisaje internacio-

---

1   Investigador emérito del Instituto de Investigaciones Jurídicas de la Universidad Nacional Autónoma de México y del Sistema Nacional de Investigadores

nal. Es aquí donde el cosmopolitismo y el rigor académico del autor entran en acción para mostrarnos un panorama que sintetiza como una "anarquía global en curso".

Con esto nos conduce a los dos capítulos siguientes acerca de la gobernanza global post Covid-19 y la agresión a Ucrania. El problema de la gobernanza internacional es uno de los más agudos de nuestro tiempo. El autor lo plantea en torno al resurgimiento de los nacionalismos advertidos en el periodo posterior a la pandemia de Covid. En el curso de la pandemia fueron ostensibles discrepancias nacionales en cuanto a las políticas globales de salud, que incluyeron el rechazo a la vacunación y los alineamientos políticos en torno a las vacunas. Las vacunas de origen cubano, chino y ruso, por ejemplo, fueron favorecidas por los gobiernos de países donde el constitucionalismo democrático está en crisis o cercano a ella, sin importar los perjuicios para la salud de la población pues carecían de validación científica.

El profesor Aguiar subraya la relación entre los ordenamientos internacional y nacional, en particular cuando se aspira a definir una nueva categoría caracterizada como gobierno mundial. Para el fenómeno de la mundialización resultan insuficientes las respuestas acuñadas a partir de la segunda posguerra. Esta realidad demanda un debate académico sistemático y serio sobre el derecho internacional del presente y del futuro, como el que aquí sugiere el autor.

La propuesta es muy atendible, máxime que los actos que afectan los derechos fundamentales se han multiplicado. El enfoque clásico de estos derechos identificaba al poder político nacional como el factor del que procedían los actos lesivos para esos derechos, pero la complejidad de las relaciones jurídicas y los intercambios globales han dado lugar a que los particulares también lesionen derechos fundamentales de terceros y a que los efectos adversos para tales derechos rebasen las fronteras nacionales. En la actualidad los Estados y los particulares pueden dañar derechos más allá de los límites territoriales del país en el que actúan. Un ejemplo son los perjuicios al ambiente global ocasionados por productores particulares o por acciones u omisiones de los gobiernos nacionales. Así lo prueba la permisión oficial para devastar la amazonia, que afecta al clima global. Otra tanto sucede en numerosos lugares del planeta donde subsiste la emisión no regulada de gases contaminantes, por parte de entes privados y públicos.

Otro problema es el migratorio, en el que se conjuntan elementos humanos, económicos, sociales y políticos, aún no resueltos en el nivel internacional y que ocasionan una enorme presión sobre las instituciones democráticas. Los países expulsores suelen verse afectados por carencias económicas y, muchas veces, también por deficiencias democráticas; en los países receptores a su vez la presencia de inmigrantes favorece un discurso excluyente, antidemocrático. Así, los primeros irradian sus déficits políticos hacia los segundos, generando una espiral adversa a la democracia. Es una cuestión acerca de la cual tendrán que diseñarse soluciones desde el ámbito internacional.

A lo anterior se suma la explotación de mujeres y de menores a quienes se expone al tráfico de personas, y de trabajadores sujetos a condiciones cercanas a la esclavitud que permiten a sus empleadores concurrir al mercado internacional con costes competitivos. Un experto en derechos humanos, como el autor de esta obra, nos convoca a discutir los múltiples asuntos a los que la conjunción de los ordenamientos internacional y nacionales deben dar respuestas innovadoras y constructivas.

En cuanto a la crisis generada por la agresión a Ucrania, la califica como deconstructiva. En efecto, se trata de un nuevo conflicto armando en Europa que desmiembra varias de las piezas cuidadosamente acomodadas a partir de la segunda posguerra, pensadas como aptas para garantizar un orden internacional de paz y prevalencia de los derechos humanos. Ahora muestra que varias de sus falencias proceden del contraste entre los principios avanzados que rigen la vida internacional y sistemas constitucionales rezagados, extraño a las prácticas democráticas. Esto explica que el concierto político entre China y la Federación Rusa, que el autor examina con pulcritud, se encamine hacia un orden internacional diferente, ajeno al edificado con tanto esfuerzo. En este escenario entran en pugna las concepciones culturales e ideológicas occidentales con las de esos dos países. Nuestro autor apela a construir soluciones mediante la conjugación de normas, hechos y valores. Uno de los exponentes de esta tesis trialista, el jurista argentino Juan Carlos Puig, residió en Venezuela, donde compartió experiencias académicas y políticas e hizo amistad cercana con su colega Aguiar, para quien que la argumentación del trialismo, fundado por Werner Goldschmidt, ofrece una clave idónea para encontrar salidas conceptuales y prácticas a la crisis en curso.

Este notable volumen concluye con un capítulo en el que se examina la relación entre la mentira judicial y la deconstrucción del sistema jurídico internacional. Es un brillante corolario del capítulo anterior en el que examina la "guerra híbrida ... que adquiere suceso comunicacional tras la guerra de Rusia contra Ucrania, animada por China con vistas a la Nueva Era". En esta modalidad bélica el autor identifica tres hitos: la acción del terrorismo islámico sobre las Torres Gemelas, la campaña mediática contra las raíces judeocristianas de Occidente y la gobernanza digital. Con este conjunto se entremezclan las denominadas *fake news*.

Acontecimientos como el terrorismo de Hamas contra Israel dan lugar a que China y Rusia hagan "decir a las normas de derecho internacional vigente aquello que no dicen, reinterpretándolas regresivamente y con netos objetivos de orden geopolítico y de dominio en el plano global". La estrategia de esa supuesta "Nueva Era" se extiende a varios países de nuestra América con la posdemocracia ejemplificada por los "autoritarismos electivos". Una de las víctimas de ese proceso es la verdad judicial, sin la que no hay derechos ni democracia, como muestra el autor. De aquí que postule el derecho a la verdad como parte de los derechos fundamentales en nuestra época. Sin una garantía eficaz para ese derecho se pierde la incolumidad de todo tipo de ordenamiento democrático, nacional o internacional, y se multiplican los riesgos de entronizar esos autoritarismos electivos que utilizan los instrumentos de la democracia para socavarla. La demagogia es una forma de mentir y engañar que encuentra terreno fértil donde existen libertades públicas.

Debe tenerse la mayor precaución para no confundir los términos. Madison definía las facciones como grupos que actuaban contra los derechos de los demás ciudadanos, y señalaba que había dos maneras de evitar ese perjuicio: suprimir sus causas o reprimir sus efectos.[2] Ahora bien, si la causa es el mal uso de las libertades, es imposible sugerir que esas libertades sean objeto de limitación; por ende, para preservar las libertades lo que debe reducirse es el efecto de las acciones facciosas, y esto es posible ampliando las garantías para las libertades. Aquí es donde resulta crucial el derecho a la verdad que postula el profesor Aguiar, con lo que también concuerdo.

La obra tiene como hilo conductor la relación entre democracia, Estado de derecho y derechos humanos. Son los elementos que están presen-

---

2   Madison, James, "Federalista X", en Hamilton, A., Madison, J., y Jay, J., *The Federalist*, varias ediciones.

tes lo mismo en el ordenamiento interno que en el internacional, y los que permiten diseñar los puentes que vinculan ambas expresiones normativas. La "anarquía global en curso" examinada al inicio de la obra guarda parentesco con la anomia que afecta a diversos Estados constitucionales. Todo conduce a la misma patología: la degradación de la convivencia en todas sus dimensiones. Es por esta razón que la obra me atrajo y me persuadió de que la severidad de sus reflexiones se basa en un sólido aparato crítico y en la sapiencia y experiencia de su autor.

La fecunda producción de Asdrúbal Aguiar lo sitúa como una autoridad en derecho internacional y derechos humanos. Su extensa obra es un referente indispensable para los expertos en esas materias que, por otra parte, forman una unidad metodológica. La línea argumental de sus trabajos consiste en fundamentar la naturaleza jurídica del derecho internacional en la positividad de los derechos humanos y en robustecer la garantía de estos últimos a través de instancias internacionales. En el amplio catálogo de sus aportaciones sobre estas materias figura su obra germinal, *La protección internacional de los derechos del hombre* (1987), a la que siguieron *Lecciones sobre derechos humanos, paz y democracia* (1997), *Derechos humanos y responsabilidad internacional del Estado* (1997), *Perfiles éticos y normativos del derecho humano a la paz* (1998), *Cultura de paz y derechos humanos* (2000), *Memoria, verdad y justicia: derechos humanos transversales de la democracia* (2002), *La libertad de expresión: de Cádiz a Chapultepec* (2002) y *Código de derecho internacional* (2009).

La importancia de esas aportaciones le ha valido a su autor numerosos reconocimientos en los foros académicos. Con relación a *Derechos humanos y responsabilidad internacional del Estado*, por ejemplo, el jurista mexicano Héctor Fix-Zamudio expresó que se trataba de un tema poco estudiado y al que el tratadista venezolano enriquecía, abriendo un nuevo horizonte para el estudio de la responsabilidad internacional del Estado en materia de derechos humanos, aplicando un enfoque normativo, sociológico y axiológico.[3] Para elaborar esta obra fue muy valiosa la experiencia del profesor Asdrúbal como juez de la Corte Interamericana de Derechos Humanos, donde dejó huella profunda por la solidez y el vanguardismo de sus sentencias.

---

3   Fix-Zamudio, Héctor, "Prólogo", en Aguiar, Asdrúbal, *Derechos humanos y responsabilidad internacional del Estado*, Caracas, Universidad Católica Andrés Bello, 1977, pp. 13 y ss.

Los estudios histórico-jurídicos también han ocupado su atención, y en este campo sobresalen *La Constitución de Cádiz de 1812* (2004), *Génesis del pensamiento constitucional de Venezuela* (2018) y el más reciente, *La cuestión del Esequibo* (2023), concernido con un diferendo territorial entre Venezuela y Guyana, que se remonta al siglo XVIII, con una gran relevancia en el contexto de la situación actual del gobierno venezolano.

Otro aspecto destacado de su trabajo es el estudio de la democracia constitucional y su relación con los derechos fundamentales. En este campo sobresalen *El Derecho a la Democracia* (2008), *Digesto de la democracia* (Jurisprudencia de la Corte Interamericana de Derechos Humanos 1987-2014), y *Calidad de la democracia y expansión de los derechos humanos*, (2018).

Tengo muy presentes los planteamientos del profesor Aguiar en torno al derecho a la democracia en un fructífero encuentro iberoamericano en el Instituto de Investigaciones Jurídicas de la Universidad Nacional Autónoma de México, hace una veintena de años.[4] Allí anticipó el eje argumental de lo que más tarde sería su extensa monografía sobre el derecho a la democracia. En esta última desarrolló con erudición y argumentos convincentes que la democracia es parte de los derechos fundamentales. Fundamenta esta tesis en el derecho constitucional, en los tratados y convenciones internacionales y en las recomendaciones y resoluciones de la Comisión Interamericana de Derechos Humanos y de la Corte Interamericana de Derechos Humanos, examinadas con exhaustividad y precisión. También analiza la Carta Democrática Interamericana y cada uno de sus principios. De esta manera identifica los elementos del sistema democrático, entre los que descuellan la democracia representativa, para cuyo ejercicio son esenciales el respeto a los derechos humanos y a las libertades fundamentales; el Estado de derecho como fundamento para acceder al poder y para ejercerlo; la participación en elecciones periódicas, libres y justas mediante sufragio universal y secreto; la presencia de partidos y organizaciones políticas independientes, y la separación de los órganos del poder. En cuanto a los componentes del ejercicio democrático, señala como indispensables la transparencia gubernamental; la probidad de los gobernantes; el ejercicio responsable del poder; el respeto por los derechos sociales; la libertad de expresión; la precedencia del poder civil, y el Estado de derecho. Para todo lo

---

4   Aguiar, Asdrúbal, "La democracia en el derecho internacional de las Américas", en Méndez Silva, Ricardo (coordinador), *Derecho y seguridad internacional*, México, Universidad Nacional Autónoma de México, 2005, pp. 243 y ss.

anterior resulta indispensable remover los obstáculos para la participación ciudadana, y alentarla. La suma de estos factores hace posible la vigencia y eficacia del derecho a la democracia,[5] como parte de los derechos humanos.

Otras cuestiones enriquecidas por las aportaciones del profesor Aguiar atañen a sus observaciones agudas en los ensayos donde plantea, de manera anticipatoria, el riesgo de lo que denomina "autocracia digital", que se traduce en la "disposición gubernamental creciente de los recursos tecnológicos de última generación para controlar a los ciudadanos antes de que éstos, mediante la opinión pública, controlen a quienes detentan el poder".[6] El fenómeno apuntado por el autor se viene confirmando incluso en sistemas constitucionales consolidados.

La propuesta de incorporar la democracia entre los derechos fundamentales hace sentido a la vista de los avances de esos recursos tecnológicos que también implican nuevos peligros. Uno de ellos es la inteligencia artificial, con potencialidades positivas enormes, pero con riesgos también significativos, pues podría poner en manos del Estado y del anti-Estado poderes intrusivos todavía imprevisibles.

En términos generales el buen gobierno tendrá que ser contemplado como un derecho humano de nuestro tiempo en tanto que se vincula con el funcionamiento legal, responsable y eficaz de los órganos del poder político. Coincido con el autor pues considero que el buen gobierno puede ser entendido como aquel cuyo actividad se rige por los principios y reglas del Estado constitucional democrático, por lo que se lleva a cabo de manera continua, eficaz, honesta, profesional, razonable, responsable y sistemática, garantizando el ejercicio de las libertades y de los demás derechos que el ordenamiento otorgue a los gobernados, maximizando el bienestar colectivo y minimizando los costes financieros, materiales y sociales de su funcionamiento.

Como parte de su preocupación por los problemas que resultan del sistema político, en especial por la afectación a los derechos de los gober-

---

5   Aguiar, Asdrúbal, *El derecho a la democracia*, Caracas, Editorial Jurídica Venezolana, 2008, pp. 77 y ss.

6   Aguiar, Asdrúbal, "La democracia del siglo XXI y el final de los Estados", en Von Bogdandy, Armin; Piovesan, Flavia, y Morales Antoniazzi, Mariela (coordinadores), *Direitos humanos, democracia e integração jurídica na América do Sul*, Rio de Janeiro, Lumen Juris, 2010, p. 83.

nados, son ejemplares por su rigor jurídico *El golpe de enero en Venezuela: Documentos y testimonios para la historia* (2013), *Memoria de la Venezuela Enferma: 2013-2014* (2014), *Historia inconstitucional de Venezuela (1999-2012)* y *El problema de Venezuela* 1998-2016, (2016). Si bien estas obras están referidas a su país, las observaciones sobre las crisis de los partidos y los excesos del poder son aplicables a otros sistemas de nuestro hemisferio.

Esta es sólo una mención panorámica de la obra del profesor Aguiar. En ella está presente la solidez que resulta de su talento y su cultura, y también su experiencia en el ejercicio del poder, que le permite entender los procesos políticos desde la perspectiva académica y empírica. El conocimiento teórico del poder, el desempeño de las más altas responsabilidades públicas en Venezuela y su pericia internacional le proporcionan herramientas muy valiosas para ahondar en los pliegues de la vida institucional, lo mismo nacional que internacional. Además, a sus trabajos de investigación suma los de orden docente, a lo largo de más de cuatro décadas. Hoy, Asdrúbal Aguiar aporta su liderazgo intelectual a la lucha por la plenitud de la democracia en la América nuestra.

En conjunto, la obra del profesor Aguiar me ha interesado siempre por sus renovados aportes relacionados con los derechos fundamentales, el derecho internacional y el constitucional. El seccionamiento de estas dos disciplinas es válido para efectos de sistematizar sus contenidos, pero en el Estado constitucional contemporáneo ambas se interrelacionan y complementan. La vida democrática o las derivas autoritarias de los estados nacionales repercuten más allá de sus fronteras, así como en el espacio de los Estados nacionales aumenta la normativa nacional de fuente internacional, en especial la referida a los derechos humanos.

La lectura de esta obra ofrece una visión orientadora y sugerente para los publicistas. Con el mayor entusiasmo le doy la bienvenida y felicito a Asdrúbal Aguiar por seguirnos beneficiando con sus siempre luminosas letras.

RELECTURA DECONSTRUCTIVISTA DEL DERECHO INTERNACIONAL EN EL SIGLO XXI

> "La visione della sfera internazionale come spazio sociale unico é stata soppiantata da una comprensione del mondo frammentata, o caleidoscopica, che crea nuove configurazioni spaziali e temporali dove il particolare e l'universale risultano completamente confusi". Martii Koskenniemi, *Il mite civilizzatore delle nazioni. Ascesa e caduta del diritto internazionale 1870-1960*, Bari, Editori Laterza, 2012

Pasadas cuatro décadas y algo más desde el inicio de mi actividad como docente de Derecho internacional, el momento del balance intelectual se presenta inexcusable. Las realidades del mundo aparentan ser distintas y no por aparentar dejan de ser muy exigentes. Las narrativas distintas y en avance presionan y hasta pugnan, acicateadas por un igual y acaso ¿también aparente? renacer de las ideologías en el plano de lo global.

Se creyó, en vano, que el fin de la bipolaridad internacional y el agotamiento de la experiencia del socialismo real afirmarían los principios del Estado liberal de Derecho, decantado por siglos y como expresión fidedigna de la cultura judeocristiana y grecolatina. Antes bien, ocurren mutaciones nominales y hasta un secuestro recíproco de consignas entre las viejas banderías de la bipolaridad –la diarquía del siglo XX– y se perturban a propósito los contenidos del vocabulario político y jurídico, para impedir la movilidad en el «mercado de las ideas». Destaca, eso sí, el coetáneo desmoronamiento por ineficacia sobrevenida de las instituciones domésticas e internacionales de mediación entre las tribus y el mundo o la Humanidad conocidas.

Son visibles la lucha abierta en la escena mundial entre poderes dispersos y una resurrección de la lógica «schmittiana»: "la política como irreductible oposición amigo/enemigo". Ayer era entre los grandes espacios vitales (*Grossraum*), hoy superada sin que desaparezca la territorialidad como base de las identidades y para la definición de las áreas de poder incluido el jurisdiccional de los Estados, ocurriendo otra oposición o antagonismo: entre «nomos» o piezas dispersas o subdivisiones de lo humano que encuentran sus espacios en el imaginario o en la virtualidad, signados por un fraude de lo antropológico, la idea de la diferencia y/o la exclusión por razones identitarias étnicas, raciales, religiosas, de género, generacionales, urbanas, culturales, etc.

Cabe, pues, la obligada revisión de lo aprendido y enseñado hasta ahora con miras a que los estudiantes y profesores del tiempo nuevo que nos espera y a la luz de sus propias circunstancias temporales, a manera de ejemplo, eviten lo que fuera característico del pensamiento de los mayores exponentes alemanes del Derecho internacional hasta mediados del siglo XIX, como Georg Friedrich de Martens (1756-1821) –profesor a Gotinga, distinto del célebre diplomático ruso-báltico Fedor Friedrich Martens, 1845-1909– y Johan Ludwig Klüber (1762-1837). Para ellos la disciplina que nos ocupa era meramente racional y estática, extraña a las concepciones de la sociedad y la cultura, y único reflejo del activismo diplomático oficial: "Le correspondía extraer apenas las reglas generales luego de observar las relaciones entre los Estados [europeos] para mejor asistir las acciones de una culta diplomacia".

Para quienes los suceden en el tiempo, en especial Hans Kelsen (1881-1973), que funda la Escuela de Viena junto a Alfred Verdross (1890-1960) y Joseph Laurenz Kunz (1890-1970), empeñado el primero en limpiar al Derecho y al Derecho internacional de sus impurezas y/o desviaciones políticas, optan por afirmar una teoría pura que reduce lo jurídico a mera técnica normativa-sancionatoria. Algunos la califican, al igual que a la perspectiva precedente, como hipocresías que llegan a su final con las grandes guerras del siglo XX hasta que aparece, previo un intersticio renacentista del Derecho natural producto del Holocausto y como fundamento del Derecho internacional posbélico, el posmoderno "militantismo jurídico". Quienes se adscriben a dicha tendencia hacen de la doctrina ius internacionalista un verdadero "instrumento de acción política".

En el campo anglosajón, en efecto, están quienes insisten en la función ideológica del Derecho y de los valores que éste transmite. Los británicos ponen el énfasis en los vínculos entre el Derecho y las relaciones internacionales, mientras que, en Estados Unidos se lo hace con las ciencias políticas. En el Tercer Mundo, entre tanto, afloran los que combinan las realidades sufrientes en curso con la ideología socialista y como un medio para confrontar al Derecho internacional clásico; mientras que en el espectro comunista se censura al Derecho internacional como expresión de una sociedad internacional dominada por Estados burgueses, optando por entenderlo y calificarlo como un Derecho de mera "coexistencia pacífica". Cada parte del mundo se ha de regir bajo las reglas internacionales de quien logre aglutinarlo, es el predicado. No cesa ello a pesar del agotamiento del socialismo real en 1989.

Un amplio recreo y análisis crítico de todo este movimiento intelectual consta en la obra de Martti Koskenniemi, catedrático finlandés quien nos devuelve al estudio de la historia del Derecho internacional como suerte de "suave civilizador de las naciones": título de su magistral reflexión en la que da cuenta del ascenso y caída, según él, de nuestra asignatura (Del autor, *Il mite civilizzatore delle nazioni, Ascesa e caduta del diritto internazionale*, 1870-1960, Roma-Bari, Laterza, 2012).

Los autores contemporáneos que actualizan el célebre y voluminoso texto pedagógico francés de Nguyen Quoc Dinh (1919-1976), *Droit international public* (Paris, LGDJ, 2009), afirman que el autor nórdico adhiere a la «escuela crítica» que busca desmitificar las aproximaciones tradicionales, denunciando el reduccionismo formalista y estatista del Derecho internacional a la vez que aportando análisis sociológicos y pragmáticos con un propósito preciso: "hacer evidentes los intereses camuflados tras las reglas del derecho" y con vistas al deconstructivismo posmoderno en boga u obra inevitable de la transición hacia un orden global que aspira ser distinto.

Al caso, para mejor entender tan inédito panorama releo al jurista argentino Juan Carlos Puig, mi entrañable compañero de tareas fundacionales en el Instituto de Altos Estudios de América Latina de la Universidad Simón Bolívar, entonces ganado nuestro centro para la perspectiva estructuralista dominante en América Latina: Celso Furtado, Helio Jaguaribe, Jorge Sábado, Aldo Ferrer y Osvaldo Sunkel, desde el ángulo económico y sociológico participan como actores del primer encuentro del Instituto en 1976. Puig me anima, a la sazón, para que profundice en el Derecho internacional general de manos de Werner Goldschmidt (1910-1987), quien decanta el trialismo como método y que aquél aplica a nuestra disciplina con admirable lucidez (*Introducción filosófica al Derecho: La teoría trialista del mundo jurídico y sus consecuencias*, Buenos Aires, Depalma, 1976).

Dada su experiencia como catedrático e investigador del Derecho y de las relaciones internacionales, recalca Puig la importancia de coordinar siempre la dimensión normativa con la sociológica. Cultivador como era de la concepción tridimensional mencionada, se empeña en sortear los muros del mero formalismo jurídico. Mira la realidad dentro de la que han de alcanzar su efectividad las descripciones normativas al objeto de que el Derecho se materialice, teniendo siempre por norte que al declinar de una manera «trialista» se ha de resolver siempre con base al criterio de Justicia y su regla exegética *pro homine et libertatis*.

La misma regla de interpretación del Derecho internacional, constante luego en el artículo 31 de la Convención de Viena sobre Derecho de los Tratados (1969) validaría entonces el predicado: "Un tratado deberá interpretarse de buena fe, conforme al sentido corriente que haya de atribuirse a los términos del tratado en el contexto de estos y teniendo en cuenta su objeto fin". Así, al entrar en vigor la Convención Americana de Derechos Humanos (1978) como desarrollo prescriptivo del principio de orden público internacional que emerge al término de la Segunda Gran Guerra ["la dignidad humana es intangible", reza el artículo 1° de la Ley Fundamental de la República Federal de Alemania (1949) en línea con la Carta de San Francisco], dispuso luego en su artículo 29 que:

> "Ninguna disposición de la presente Convención... puede ser interpretada en el sentido de: a) permitir... suprimir el goce y ejercicio de los derechos y libertades reconocidos...[o] c) Excluir otros derechos y garantías que son inherentes al ser humano o que se derivan de la forma democrática representativa de gobierno...".

No presencia Puig el desmoronamiento de la Cortina de Hierro, menos el advenimiento de la globalización digital o el panteísmo que hoy trastorna los sólidos culturales –copio el giro a Zygmunt Bauman (*Modernidad líquida*, México, México, FCE, 2003)– dando lugar a la posmodernidad. No obstante, al trabajar su obra sobre *Derecho de la comunidad internacional* (Buenos Aires, Depalma, 1974, Volumen 1: Parte general) que no alcanza a completar dejando sin editar su volumen segundo, presiente ya la necesaria evolución del Derecho internacional hacia otro estadio. Habla de un cambio de paradigma que nos habrá de llevar hacia un Derecho «estatal mundial» que entonces imagina.

Advierte lo que muchos vemos ayer como delirio o matización literaria del maestro:

"Toda una era en la evolución geo-bio-morfológica terráquea [y su taxonomía] está llegando a su fin: la del laboreo de los metales comenzada hace más o menos veinte mil años en el cuaternario" (*Integración latinoamericana y régimen internacional*, Caracas, Universidad Simón Bolívar, 1987 p. 394).

En suma, salvo en lo relativo a los principios fundamentales que acaso puedan trascender, lo escrito en los manuales de enseñanza sobre Derecho internacional y lo que aún se sostiene en pie y trasmite como aportaciones que apoyan o aún expresan la doctrina y la jurisprudencia internacionales corrientes, lo cierto es que aún enseñamos con "desnudez de alma".

Incluso lo que nos suministra la experiencia cotidiana de los expertos y los diplomáticos de oficio en cuanto al manejo prescriptivo de las relaciones entre los Estados, sino se le tamiza de modo crítico y oteando por sobre la incertidumbre, en un momento de cambio de épocas en la historia del hombre y las civilizaciones como el señalado, concluye en una grotesca caricatura del edificio de la juridicidad mundial, incluido el constitucional de los Estados. O se lo muestra sin ventanas abiertas o se lo congela visualmente en su explosión, para mostrar apenas sus partes como si no tuviesen una estructura común que las sostenga desde lo interno.

Al menos en el Occidente de las leyes, sobre de un descampado global que muestra fracturas de hondo calado y el evidente debilitamiento en las fortalezas de los sujetos de nuestra disciplina – los Estados con sus gobiernos junto a las organizaciones internacionales creadas por aquellos para gestión de las relaciones de cooperación o de interés común, en su mayoría nacidas de las Grandes Guerras del siglo XX – la consideración factual que nos hace Luigi Ferrajoli (Del autor, *Principia iuris, Teoría del derecho y de la democracia*, 2. Teoría de la democracia, Madrid, Editorial Trotta, 2011), neopositivista quien le da continuidad a la escuela de Norberto Bobbio, cabe atenderla con mucha seriedad, por lo dicho:

"Junto al Estado [que inaugura el paradigma del Derecho positivo moderno] han hecho su aparición, particularmente en el siglo pasado, otras formaciones políticas originarias, producidas por otros poderes constituyentes, que han puesto en crisis, a través de los ordenamientos inter- o supranacionales constituidos por ellos, la autosuficiencia normativa de los Estados nacionales y su misma independencia y soberanía… Al mismo tiempo se han hecho cada vez más inadecuadas, por arriba y por abajo, gran parte de las viejas funciones del Estado nacional".

Tal como lo señala de manera palmaria este filósofo del Derecho florentino y apreciando lo corriente:

"De aquí se ha seguido una progresiva pérdida de relieve de los Estados, que se han revelado demasiado grandes para las cosas pequeñas y demasiado pequeños para las cosas grandes".

La cuestión es que al relajamiento del Estado –al cabo es una construcción o formación jurídica artificial e históricamente localizada, que "comienza a morir desde su nacimiento" y desde cuando la delimita teóricamente Thomas Hobbes (*Leviathan*, London, 1651)– y a la pérdida de sus perfiles territoriales como los entienden los Tratados de Paz de Westfalia y Utrecht (1648) hasta que adquiere portada principal el «principio de las nacionalidades» teorizado por Pasquale Stanislao Mancini (1817-1888), ahora le sigue la señalada "inefectividad estructural" de unas instituciones internacionales "sustancialmente carentes de poderes". Llenas de lagunas o aporías creadas por el conjunto de los mismos Estados para neutralizarlas o sujetarlas a sus voluntades políticas unilaterales, son tales organizaciones, irremisiblemente y es el caso de la ONU, un reflejo de la igual decadencia de aquellos.

Mientras ocurre la acusada incapacidad del Estado para las «cosas nuevas», las realidades globales y las domésticas -en el marco de inmediatez y de fragmentación que significa el ingreso del mundo a la señalada Era de la Inteligencia Artificial- hacen del mismo Estado un rompecabezas humano en lo interno. Mientras se disuelve la idea clásica de la nación y, en lo político, la de la soberanía como la de la ciudadanía, y aquel y ésta se transforman en nichos o tribus que los dividen a lo interior materializando sus propias normas, trasvasan al paraguas constitucional doméstico y, en lo cultural, se hacen transnacionales. Así, en la práctica vienen forzando "repartos de conducta" que intentan hacerse costumbres vinculantes para marcar otros derroteros normativos a la llamada Aldea Global; al caso, con percibida subestimación de la dignidad de la persona humana y de su unidad como género y en la naturaleza, mientras el hombre –varón y mujer–

y todos los hombres permanecemos sometidos a la regla sobrevenida del «distanciamiento social» por efecto del Covid-19, emerge otra gobernanza: se imponen como necesarias las «plataformas digitales», leviatanes del siglo XXI, gestores desde ahora y por lo pronto del nuevo orden global en vías formación.

I

Para la comprensión del conjunto de las nociones preliminares que implica el aprendizaje del Derecho internacional y sus cuestiones clave – como las relaciones o el «diálogo» que se plantea entre el Derecho internacional y el derecho interno de cada uno de los Estados, los fundamentos intelectuales del mismo Derecho internacional y sus técnicas de formación, la determinación de los complejos asuntos que sobrevienen a propósito de las normas de este cuando hacen crisis (entran en desuso, se ven postergadas, son palmariamente violentadas, no pocas veces vaciadas de contenido), los modos reales y no solo nominales para la resolución de los entuertos y fijar sus consecuencias en orden al principio sustantivo de la responsabilidad– en el primer día de cada período académico hago un trazado de figuras geométricas sobre el pizarrón para mis estudiantes. Ver imágenes suscita en la mente el hacerse preguntas, enseñan quienes mejor saben de ideas a ser representadas por el arte pictórico.

A manera de ejemplos esbozo un primer cuadrado grande que ocupa todo el espacio y, seguidamente otro cuadrado menos grande circundado de muchos círculos; luego un rompecabezas de cuadrados pequeños dispersos a los que sobrepongo dos cuadrados mayores, próximos entre ambos, casi unidos. Y así, sin adherir a una visión estática o determinista o estructural de la historia, sin una pretensión «foucaultiana» de mostrar narrativas que siempre influyen y/o corrigen el rumbo de aquella por ser esencialmente humana, desde un plano visual geométrico presento así una primera síntesis de la evolución del Derecho internacional.

Busco trasvasar, de tal manera y, por una parte, a la dogmática doctrinal e institucional que mal puede entenderse como inmutable si se hace un repaso memorioso de las costumbres internacionales o de los tratados como fuentes de las obligaciones entre los Estados, o de las interpretaciones que de ordinario fijan los árbitros o jueces internacionales. Intento que estudiantes y estudiosos del Derecho internacional, por otra parte, lo entiendan en su especificidad, pero asímismo como una manifestación o prolongación compleja de la vida de relación entre Estados y naciones y sus manifestaciones orgánicas.

La realidad de cada uno de estos y sus percepciones dominantes en lo interno, además, de suyo fluye más allá de las fronteras y sobre un trasfondo sociohistórico y de valores civilizatorios que se hacen o se descubren como comunes y que los implican a todos; los explican y también los racionalizan en un plano mayor y de subsidiariedad, aun cuando no sea cabalmente en de los universales, pero sin que alcancen a sobreponerse los particulares de cada Estado. No obvio, lógicamente, la realidad de dominio de unos Estados por sobre otros a lo largo de la misma historia, pero que demanda aceptación entre unos y otros para que la paz se alcance, así sea entre intersticios de violencia.

Con vistas a esos ejercicios figurados presento al aula la dinámica que se experimenta desde el conocido y primitivo «Derecho de gentes» y su concepción unitaria del poder y del Derecho como ocurre en la antigüedad romana; que se ve morigerada, justamente, por la admisión progresiva de unos derechos residuales a favor de los extranjeros – bárbaros, a los que se les rige desde el centro del imperio por un derecho común que se proyecta hacia ellos – como excluidos de la ciudadanía.

Observan los estudiantes, así, la caída del Imperio hacia el año 476 d.C. cuando sobreviene la atomización de ese poder unitario y regidor, la descodificación de ese Derecho que hasta entonces desconoce – sin mengua de los tratados de tregua, de paz o de alianza que se hayan firmado bajo su égida – la igualdad entre distintas entidades políticas. Con los extraños mantiene Roma, en efecto, su beligerancia real o potencial tal y como lo revela un texto del año 509 transcrito por Polibio, sobre la "Amistad estipulada entre Roma y sus aliados, Cartago y sus aliados".

Pero otro entendimiento cabe cuando el citado imperio se vuelve parcelas y deriva en nichos o señoríos medievales que reivindican sus propias autonomías: como acaso acontece otra vez en la actualidad, pero de modo agravado por la misma deconstrucción de los vínculos sociales propios de la modernidad. El vínculo o atadura que los refiere a una autoridad superior compartida, como la de la diarquía que forman el Papa y el Emperador bajo los cánones de un Derecho natural de inspiración cristiana y de la que al término se separan la pléyade de los reinos romano-germánicos que surgen del desmoronamiento imperial hasta hacerse Estados soberanos e independientes después de 1648, hoy es motivo de actual y acre pugnacidad: Dominarán China y Estados Unidos como ayer lo hicieran este y la URSS, o el mundo alcanzará el parto de un orden distinto, ¿negado a la emergencia de otra diarquía? y, como cabe repetirlo, cuyas partes probablemente se separan adquiriendo formas arbitrarias y sin nada que las ensamble.

Pasado el medioevo, es la experiencia, rige para lo sucesivo el soberano que encarna al Estado y al propio pueblo, según la regla construida por Jean Bodin en 1576, en los Seis Libros de la República: *Summa in cives ac súbditos legibusque soluta potestas*, a saber, "liberados del poder de los ciudadanos y sujetos a las leyes y reglamentos de todos los más altos". Se está en presencia, entonces, de "una Europa lacerada, en la que conviven formas y concepciones políticas fuertemente diferenciadas" (Vari autori, *Storia moderna*, Roma, Donzelli, 2001). Las relaciones entre los distintos monarcas pasan a ser la obra de unas necesidades prácticas y de los equilibrios de poder entre estos para sostener la paz, libres cada uno de asumir sus cosmovisiones una vez como cede definitivamente la unidad citada bajo la cristiandad romana.

Adolfo Miaja de la Muela advierte con tino que la historia del Derecho internacional conocida "tiende a encuadrarse [así] en las edades y períodos de la historia universal" y este, por consiguiente, sólo puede ser entendido, como lo ajusta Alejandro Herrero Rubio en sus *Nociones de historia del Derecho de gentes y de las relaciones internacionales* (Universidad de Valladolid, 1954), "si se le considera de manera histórica" y al constituir un sistema que es en lo esencial de naturaleza consuetudinaria.

Antonio Truyol y Serra (*Histoire du droit international public*, Paris, 1995) recuerda bien y a propósito que, desde entonces, ausentes el Imperio y la doctrina de las dos espadas el Derecho internacional surge "carente de legislador y de juez" con lo que adquiere distinta especificidad. Los contenidos y el alcance de sus instituciones y normas, por consiguiente, varían paulatinamente o como lo dice Mariano Aguilar Navarro, según su ambientación histórica respectiva, a falta de la cual "los rasgos del Derecho internacional se difuminan, llegan a ser imperceptibles" (José Antonio Tomás Ortiz de la Torre, "La historia del derecho internacional en el centenario de la obra de Joaquín Fernández Prida", *Revista Jurídica de Asturias*, N° 40, 2017).

Generalmente se afirma, que un Derecho internacional en escorzo, el llamado moderno, sólo emerge una vez como a partir de los señalados Tratados de Westfalia ocurre la mencionada diversidad de los señoríos alemanes sujetos al Sacro Imperio Romano Germánico, dando paso a la pléyade de 300 Estados que reivindican su poder sobre la base de la territorialidad. Cede, ciertamente, la idea de la *universitas chirstiana* como desiderátum de las relaciones internacionales y de su gobernanza normativa, mientras emerge con fuerza y para ello la razón de Estado de inspiración francesa, anclada en los principios de No injerencia e igualdad entre los ahora sujetos formantes de la emergente comunidad internacional y de su novísimo Derecho, el Derecho internacional de los Estados soberanos como prolongación de esa realidad política dispersa: "ya no como un derecho común a los pueblos" (Juan José Bremer, *De Westfalia a Post-Westfalia. Hacia un nuevo orden internacional,* México, UNAM, 2013). Aquel resulta, al término, como obra de los equilibrios prácticos y no de principios civilizatorios compartidos. ¿Es lo que vuelve a ocurrir, el "Medioevo prossimo venturo" que nos anunciara Umberto Eco o acaso tampoco se observan equilibrios en el nuevo ecosistema o esperan de su forja?

Las elaboraciones cimeras de Hugonis Grotti o Hugo Grocio (1583-1645), contenidas en su *De iure belli ac pacis* (Moeno-Francofurt, 1626) jugaran un papel esencial a partir de entonces, en medio de la dispersión de los Estados a principios de la modernidad y dada la amplitud que se tiene, al menos en lo intelectual, de la visión integradora y pluridimensional del Derecho internacional, según lo revela su misma conceptuación, dada a conocer bajo el título citado, que toma en préstamo de Cicerón:

> "En lo que se refiere a los vínculos entre varios pueblos o entre los conductores de los Estados, que son o se fundan sobre la Naturaleza, o los que establecen leyes divinas, o los que introducen las costumbres acompañadas de una convención tácita entre los hombres, pocos han pensado en tocar estas materias: menos persona alguna la ha explicado en su extensión y de forma sistemática".

Un ejemplo práctico sirve, a todo evento, para situar de modo comprensible la relación entre las modificaciones orgánicas o institucionales que determinan las distintas formas de poder en su interacción con las descripciones normativas que las influyen y/o son su consecuencia durante la época; dejándose de lado, por lo pronto, la consideración estimativa o axiológica que agrega el mismo Grocio y se cuestiona otra vez, ahora en pleno siglo XXI apuntalado sobre el relativismo y el señalado, vuelvo a repetirlo, deconstructivismo que lo acompaña.

En el discurso que pronunciara durante mi incorporación a la Academia de Ciencias Morales y Políticas de Buenos Aires ("Crímenes de lesa humanidad y coherencia funcional entre el derecho internacional y el derecho del Estado", 30 de noviembre de 2005) refiero lo siguiente:

"Antes de las grandes guerras del siglo XX, al construir su teoría sobre la norma fundamental (*grundnorm*) y sostener con ella la unidad sistemática del Derecho, afirmó el padre de la Teoría Pura, Hans Kelsen (1881-1973) que el vértice de la pirámide normativa se encontraba situado en el Derecho interno de cada Estado; sugiriendo que en los actos concurrentes de distintas soberanías estatales encontraba su fundamento originario el Derecho internacional o de gentes. Mas luego de las conflagraciones mencionadas, sucedido el Nuevo Orden que queda inscrito en la Carta de San Francisco, adoptada en 1945, no tuvo reservas para producir un cambio de óptica y declarar que la *grundnorm* se situaba, en lo adelante, en el Derecho internacional; fuente de validez, por lo mismo, de todo el orden normativo subsidiario, es decir, del mismo Derecho interno de los Estados".

Lo cierto a todas estas es que, si tratásemos de plasmar una imagen de la realidad global corriente no nos bastaría pensar en el infierno deconstructivo o desestructurado de Virgilio – "toda esa multitud que ves es el mísero tropel de los que carecen de tumba" – y que sólo alcanza su estructura y orden lógico como racional con Dante y su Divina Comedia. Unos dirán que el Derecho internacional llega su final con el otro derrumbe que sigue al agotamiento de la bipolaridad internacional, la caída de las Torres Gemelas de Nueva York bajo la fuerza destructiva de actores terroristas deslocalizados y sin personalidad soberana; tanto como otros apreciarán que el poder ordenador se traslada desde los Estados hacia otras fuerzas emergentes e integradoras de la globalidad: ¿acaso la misma naturaleza objetiva o Madre Tierra o la del dominio de la virtualidad bajo el control de las redes digitales y la robótica?

Y si ceden los Estados como antes cedieran los reinos medievales y previamente la diarquía y el Imperio, ¿qué queda en pie de Hobbes y de Bodino, de la igualdad soberana entre los Estados, de la manida independencia o la autodeterminación de los pueblos, o de la prohibición del uso de la fuerza como soportes principistas del Derecho internacional en una hora en la que se cuelan o se dejan filtrar las expresiones del terrorismo, la criminalidad trasnacional y hasta la anárquica destrucción de los símbolos de la memoria por una indignación popular globalista sin representaciones ni ataduras locales, a las que se banaliza?

Por lo pronto media una paradoja, coexisten una evidente ingobernabilidad a nivel planetario con una realista administración de lo inmediato y local bajo el sostenimiento, mientras alcanza, de una ficción estatal como eje de las relaciones internacionales. Ello, al menos evita la sensación del vacío, pero sólo eso, la sensación: "el mundo refleja una situación anárquica por la ausencia de una autoridad global" a la vez que "la soberanía del Estado [¿o acaso la idea de lo nacional?] continúa siendo el centro de las relaciones internacionales" formales, apuntan Thomas G. Weiss y Sam Daws (apud. Bremer, op. cit., p. 85). Imaginarlo visualmente, hoy, resulta difícil, pues las expresiones artísticas del deconstructivismo se muestran anárquicas, diversas, separadas, independientes unas de otras pero unidas desde lo anterior; que no es, exactamente, lo que se aprecie como desiderátum dentro de una globalización del desorden.

II

La crisis probablemente terminal o de reconversión del Derecho internacional alguna consecuencia habrá de aparejar, dado lo anterior. Cuando menos es obligación de los autores y observadores perspicaces sobre la dinámica "internacional" en tiempos de globalización, mostrarla en sus líneas gruesas y/o formular bocetos de sus posibles narrativas ordenadoras, sea describiendo lo dominante, sea tratando de influir con base en las convicciones ético-políticas que se defiendan incluso a riesgo de equivocaciones. No por azar las grandes teorías se asientan sobre la observación de realidades constantes y una vez configuradas, al menos, en el mundo de lo normativo.

Koskenniemi, profesor en Helsinki, miembro del Instituto de Derecho Internacional y de la Comisión de Derecho Internacional de la ONU, con experiencia como consejero jurídico del ministerio del exterior finlandés, asume su reto a partir de una previa reconstrucción de las grandes líneas doctrinales o de las ideas sobre las que se apalanca y tensan el Derecho internacional moderno antes de lo que definirá como su derrumbe, pasada la primera mitad del siglo XX. La cuestión, luego, se hace agonal durante el curso de los últimos treinta años.

El desafío que se plantea el señalado jurista nórdico importa mucho porque analiza cada perspectiva teórica, a la luz y como reflejo del odre histórico específico que la atrapa o condiciona y estimando que los estudiosos del Derecho internacional concernidos tienen el mérito – incluso no compartiendo siempre sus ideas– de no haberse limitado a ser simples dibujantes o cronistas de fenómenos en curso. Antes bien, desde perspectivas incluso ideológicas amamantadas por las dinámicas nacionales que los atrapan y comparten con actores jurídicos de otros países, trabajan sobre las incidencias o los tropiezos que en su evolución acusa el ordenamiento jurídico internacional de los Estados; llamado a recomponerse por la pérdida de relevancia y sobrevenida inexactitud de sus normas, lo que es máxima de la experiencia.

Si bien construye su argumentación y su vuelta a los más importantes autores del siglo XIX como a la revisión de quienes después se incorporan en calidad miembros del Instituto fundado en Ginebra, para denunciar así el discurso jurídico que según su opinión legitimara al colonialismo por parte de las potencias de Occidente, su trazado sustantivo permite imaginar los cambios a los que se habrá de adaptar el Derecho internacional para servir como un régimen jurídico necesario en el siglo XXI; que se pueda regenerar en sus bases conceptuales, bajo riesgo de seguir siendo un rompecabezas sin vocación de universalidad.

Los miembros del Instituto, según Koskenniemi, advierten que el siglo XVIII construye una visión cosmopolita y de fundamento universal apalancada sobre el Derecho natural y constatan, a la vez, que en el siglo XIX que los tiene como testigos –el siglo del positivismo y cuando se sistematiza la relación orgánica entre el Estado y la sociedad– emerge con fuerza la idea de la nación. De suyo se asume al Derecho internacional, expresión de la modernidad, como una prolongación de cada nación y de aquella otra idea considerada como de neta estirpe europea, pero que debaten como fundamento del Estado los juristas que adhieren a la primera, la de la soberanía nacional.

No por azar se impone la perspectiva dualista que sostiene Heinrich Triepel (1868-1946), a cuyo tenor la fuente por excelencia del Derecho internacional son los tratados entre los Estados y a la base de éstos, como instancia legitimadora inderogable, el Derecho interno o nacional; en tesis que no contradice, antes bien y a partir de un ejercicio meramente metodológico e integrador de normas que da lugar a su monismo, y reafirma Kelsen partiendo de la primacía del señalado Estado nacional y antes de que varíe de postura años después y dado el cambio de la misma estructura de poder a nivel internacional.

Si bien lo domina la perspectiva de un Derecho internacional que en su esencia es la obra conjunta más no común de los Estados, a saber, de la prolongación de las sociedades nacionales europeas: del espíritu de internacionalidad distinto del internacionalismo marxista; la que a su vez y como narrativa esgrimen en común, aquí sí, juristas de pensamiento liberal humanista y racionalista, defensores de los derechos individuales, por otra parte autores como Kelsen –señalado de pacifista y neokantiano, preocupado por la deriva imperialista que implica todo nacionalismo, y animado al paso por las Conferencias de La Haya de 1899 y 1900 que predicen el nacimiento de una confederación mundial– se ven rechazados de conjunto por Erich Kauffman (1880-1972).

Kauffman insiste en que el sostenimiento del ideal liberal racionalista impide construir una verdadera teoría del Estado y del Derecho. Defiende la centralidad estatal dentro de la construcción normativa. Ve como utopía un Estado mundial y sólo aprecia como Derecho internacional el que nace de los tratados, según la tradición que hasta entonces representan y defienden los citados juristas de Martens y Klüber.

Al cabo, el laboratorio de lo anterior es Alemania, en la que se oponen pacifistas y nacionalistas, con las consecuencias trágicas que luego tendrá ello para el mundo durante la primera mitad del siglo XX. En primera instancia se morigerará el nacionalismo con la Sociedad de las Naciones al término de la Primera Gran Guerra –muy débil esta, por limitarse a ser una secretaría de los Estados y apenas capaz de exigir moratorias para las acciones bélicas de estos sin poder impedírselas– y, luego, sobrevenidos el Holocausto y el nacimiento de la Organización de las Naciones Unidas (ONU), habrá lugar a una suerte de renacimiento del Derecho natural, del humanismo racionalista y liberal al proscribirse el uso de la fuerza y consagrarse como norma de orden público internacional sobrepuesta a la soberanía de los Estados e inderogable por los tratados: la del respeto universal de los derechos de la persona humana. Pero lo será apenas por tres lustros, insiste Koskenniemi.

El tiempo actual, ciertamente, sugiere paradigmas inéditos, pero otra vez cabe volver para su resolución, sin obviar su «ineditez», a la constante conexión que se predica "entre las estructuras del derecho con la historia" y a la sinergia entre lo nacional y lo internacional, según la perspectiva del autor finlandés al que apelamos como orientación por su reciente y autorizada investigación.

Este valora la obra de Erich Kauffman (1880-1972), pues a la par visualiza como soportes de un Derecho y unas relaciones internacionales efectivas los que midan de manera real los vínculos empíricos entre el poder y "las constelaciones de intereses" predominantes, en una indisociable perspectiva nacionalista que entiende al Derecho internacional como resultante del acuerdo entre los Estados nacionales. O acaso, si no es esta la interpretación, deduzco que avanza a contravía de la historia se intenta afirmar desde la ONU, o bien, constata lo que realmente ocurre a diario tras el telón de esta, cuyos buenos principios y propósitos sirven de meras concesiones a la Humanidad para instantes en los que no se vean desafiados mundialmente el señalado poder y sus intereses.

III

Los estudiosos del Derecho internacional anteriores a la Primera Guerra, durante los decenios finales del siglo XIX y primeros años del siglo XX, partiendo de la señalada identidad cultural o liberal humanista europea, contestada en suelo alemán, construyen sobre un piso intelectual compartido la diversidad de sus aproximaciones.

La escuela francesa, a través de George Scelle (1878-1961), Louis Renault (1843-1918), quien introduce a nuestra disciplina dentro del debate doméstico galo, Paul Fauchille (1858-1926), Antoine Pillet (1857-1926), y León Bourgeois (1851-1825), frente a la postura nacionalista alemana abre compuertas a la perspectiva jurídica internacional desde el plano de la solidaridad social o la dimensión sociológica del Derecho. Reafirma como su fuente los usos compartidos. Entiende al Estado, sujeto del Derecho internacional, como una expresión de la misma solidaridad social – no es una mera abstracción como persona jurídica, separada de la sociedad – a cuyo efecto, la misma prolongación de esos vínculos sociales, según ellos, son los que explican a las formas federativas cristalizadas con la Sociedad de las Naciones.

Luego, en línea próxima a la crítica que le dirige Koskenniemi al eurocentrismo jurídico occidental, el jurista chileno Alejandro Álvarez (1868-1960) –trabajando desde adentro de la perspectiva francesa enunciada– apuntará que al Derecho internacional le sostienen, justamente, los "valores diferentes que son el reflejo de la diversidad histórica de los pueblos" y las naciones. Y, como lo recuerda Gustavo Gozzi, prologuista italiano de la obra del jurista finlandés, Álvarez ve al Derecho internacional más allá de lo nacional como una pluralidad de sistemas jurídicos regionales, sea el europeo, también el americano o el africano, cada uno de los cuales confluye y se estructura alrededor de sus especificidades compartidas, con lo que renueva, sin decirlo así, la perspectiva liberal y humanista de la solidaridad.

Koskenniemi, obviamente, al recrear tales debates entre los distintos representantes de la doctrina más autorizada del Derecho internacional alude a la prepotencia de un Derecho que se presenta como la "conciencia jurídica" no solo del mundo europeo sino del llamado civilizado.

Desde la perspectiva constitucional latinoamericana, el constitucionalista argentino y catedrático Gregorio Badeni (1943-2020) se pregunta en tal orden, no por azar y con ironía, ¿cuáles son las naciones no civilizadas? ¿Se aplican a ellas, también, tales principios [generales del Derecho] pese a que, por ausencia de civilización, no cabe integrarlas en ese mundo [hoy] globalizado?, agrega (Vid. su comunicación "La desglobalización del siglo XXI" a la Academia de Ciencias Morales y Políticas, Buenos Aires, 8 de noviembre de 2017).

Lo cierto, a todo evento, es que si bien desde los inicios de la modernidad del Derecho internacional distintas culturas regionales se han ido incorporando a unas relaciones internacionales que se expanden geográfica y humanamente, un denominador común se mantiene hoy –más allá de lo que opina Kauffman y así sea nominalmente– y es de neta filiación judeocristiana: el principio ordenador *pro homine et libertatis* aceptado en 1948, una vez como se adopta la Declaración Universal de Derechos Humanos. Este, no ha impedido la vigencia de otros principios propios y específicos de las regiones como el de la «solidaridad americana», la No intervención, o el *Uti Possidetis Iuris* en las Américas, o el del «panafricanismo» y el derecho al desarrollo en el África.

De allí que no deje de ser importante la proyección nacional anglosajona del Derecho internacional que a renglón seguido estudia la obra de Koskenniemi y tiene como emblema a Herst Lauterpacht (1897-1960), defensor de los "ideales victorianos de liberalismo y progreso" enterrados por la Primera Guerra Mundial, bases de "la doctrina de los derechos del hombre desde Locke a Jefferson, pues valorizan al Derecho natural" como fundamento del Derecho internacional. Según lo dicho, al menos nominalmente y como cabe repetirlo, la Carta de San Francisco de 1945 los rescata e intenta sostenerlos durante los años posteriores, así sea sujetándolos e hipotecándolos al discernimiento de los equilibrios entre las mayorías y minorías de la Asamblea General.

Lauterpacht rechaza, en efecto, la exclusividad de los Estados como sujetos absolutos o personas abstractas del Derecho internacional, oponiendo como ejes el individualismo cosmopolita y los derechos humanos. Le toca vivir, sensiblemente, la sobrevenida ineficacia de la tradición liberal humanista constante en la Declaración Universal mencionada, que cree sólo puede realizarse bajo criterios institucionales supranacionales. Invoca al término, en defecto de éstos y como corrección la tarea de los árbitros y jueces internacionales, quienes pueden acotar las libertades de los Estados a partir de la exégesis y aplicación de los tratados internacionales, siguiéndose por una línea de pragmatismo angloamericano. Ello, a su juicio, llenaría el vacío que causa la ausencia un órgano legislativo común a los mismos Estados hasta el presente.

Sea lo que fuere, lo relevante es que ese esfuerzo intelectual que se despliega desde finales del siglo XIX y trasvasa a las dos grandes conflagraciones, tiene o encuentra dos hitos que, según Koskenniemi, marcan el ascenso y luego la caída del Derecho internacional como «suave civilizador». El primero lo sitúa en los esfuerzos que llevan adelante tres juristas jóvenes de pensamiento político liberal –el belga Gustave Rolin-Jaequemins (1835-1902), el holandés Tobías M.C. Asser (1838-1913) quien recibe el Premio Nobel de la Paz en 1911, y el inglés John Westlake (1828-1913) – participantes en la reunión de Bruselas que crea la Asociación Internacional para el Progreso de las Ciencias Sociales en 1862. Ellos promueven la *Revue de droit international et de législation comparée* - la primera sobre Derecho internacional - cinco años más tarde, imprimiéndose su primer número a fines de 1868.

En un tiempo en el que toman cuerpo dentro de Europa las ideas de la nación y de la raza los propulsores de la Revista se muestran convencidos de que media un espíritu de internacionalidad obra de las distintas proyecciones nacionales, pero obligadas estas a cooperar mediante el reconocimiento de "la unidad superior de la gran sociedad humana". Las virtudes individuales se consideran, entonces, como lo precisa Koskenniemi, cardinales para vida pública y la privada. La tarea de comparación entre las experiencias legislativas y la reducción de los conflictos normativos entre unas y otras, dando lugar al célebre Derecho internacional privado, les permitiría apuntalar, así lo creen los nóveles propulsores de la Revista, sus ideas de tolerancia religiosa, libertad de expresión y de comercio, armonizándolas y por esa vía proyectarlas luego sobre el plano jurídico internacional, suma y decantación externa de aquellas.

La presencia de las ideas humanitarias no obstante les estimulaba, acicateados por las mismas Convenciones de Ginebra de 1864 relativas al trato de los prisioneros y sobre la humanización de la guerra. Pero separados como estaban de las ideas racionalistas del Iluminismo y las del utilitarismo, identifican como fuentes propias del Derecho internacional los actos unilaterales y los tratados entre los Estados, siendo así consistentes con sus perspectivas nacionales y un Derecho externo que ven como prolongación de estas.

Lo cierto es que habían dejado atrás de un modo concluyente la visión que aportaran la Santa Alianza y el Congreso de Viena de 1815, alianza de príncipes y no de pueblos, según los jóvenes liberales: "En el fondo no se trató que de una mera proyección de la idea de Kant [sobre la paz perpetua] redirigida a favor del absolutismo y con un barniz místico", reza el escrito de Rolin de 1869 inserto en la Revista ("De l'étude de la législation comparée et du droit international", I, 1869).

La revista pasará a ser el órgano oficial del *Institut de Droit International* que se funda en Ginebra en 1873, buscando un equilibrio entre el individualismo y el colectivismo, se diría que en la mejor línea de las prédicas del humanismo renacentista: ¿acaso alejadas del colectivo despersonalizado y del individualismo anti comunitario, abriéndole campo al personalismo comunitario? Se presenta como democrática pero no «oclocrática» y sí reformista, nacionalista al mismo turno que internacionalista. Es progresista por rechazar al absolutismo y conservadora al rechazar las agitaciones revolucionarias socialistas. Apenas vivirá la revista un período de retracción una vez como nace en París, la *Revue générale de droit internacional public* en 1894, que todavía circula.

Cree Koskenniemi que ese impulso modernizador del Derecho internacional –afincado según estos cultores en la convicción de que el fundamento de nuestra disciplina reside en la opinión pública, pues recepta o rechaza lo que acuerdan los Estados haciendo efectivas o meramente retóricas sus convenciones o tratados; y que, a su vez, como opinión sería la que reside en el Instituto como «consciencia jurídica del mundo civil»– declina a partir de 1960. Ocurría "la caída del Derecho internacional". Y lo afirma probablemente convencido de que las posturas científicas no han tenido éxito en el campo de las relaciones internacionales y que cuanto ocurre "a puertas cerradas" entre sus actores reales en poco ha contribuido a la suerte del mundo, lamentando que palabras como "conciencia" o "civilidad" hayan perdido total sentido para el jurista de nuestro tiempo.

A todas estas refiere que una vez desaparecidos los protagonistas heroicos del Derecho internacional moderno –Kaufmann, Álvarez, Lauterpacht, Scelle– a los sucesores en el *Institut* como Henri Rolin (1891-1973), nieto de Gustave Rolin-Jaequemyns, los anima hacia 1963, sin embargo, la presencia de cuatro factores de la realidad internacional que favorecerían sus actividades doctrinales: el desarrollo tecnológico, la expansión de las organizaciones internacionales, la Guerra Fría, y el proceso de descolonización que, al cabo, terminan o siendo meras excusas ante lo evidente de la declinación o "descodificación" del Derecho internacional o la misma causa de nuevas frustraciones.

Al antagonismo entre las grandes potencias se atribuye así que el orden mundial fundado en la Carta de San Francisco terminase siendo una parodia –los juristas se reducen a darle forma normativa a una oscilación siempre de oportunidad entre "el humanismo cosmopolita y la apología de la razón imperial" dice Koskenniemi– a la vez que, así como la multiplicación de las organizaciones en nada influye para la gestión eficaz del cambio tecnológico tampoco el descubrimiento de la idea de la soberanía luego de la descolonización en poco o nada cambia las realidades de los nuevos Estados del llamado Tercer Mundo; ello a pensar de intentarse forjar un Nuevo Orden Económico Internacional y afirmarse nominalmente la soberanía de estos sobre sus recursos naturales.

Lo cierto es que, sin que se haya perdido en el imaginario de los cultores del Derecho internacional la idea de una gobernanza internacional fundada sobre los instrumentos del derecho público, llegada la hora de la globalización, ocupándose la ONU por vez primera, incluso tímidamente, del tema de la democracia y la expansión de los procesos electorales en los países que salen de la Cortina de Hierro, el saldo es que así como naufragó la Sociedad de las Naciones por carencia de poder en el ámbito de la seguridad colectiva, Naciones Unidas no ha podido distinguirse, en el mismo plano, como simple expresión institucional del poder del Consejo de Seguridad y no del Derecho, como lo dice el profesor finlandés.

Cabe reconocer que S.S. Francisco, en 2015, adhiere a esta última perspectiva, en los términos que siguen:

"Si se respeta y aplica la Carta de Naciones Unidas con transparencia y sinceridad, sin segundas intenciones, como un punto de referencia obligatorio de justicia y no como un instrumento para disfrazar intenciones espurias, se alcanzan resultados de paz. Cuando, en cambio, se confunde la norma con un simple instrumento, para utilizar cuando resulta favorable y para eludir cuando no lo es, se abre una verdadera caja de Pandora de fuerzas incontrolables, que dañan gravemente…".

Tan cierto es lo anterior que la Declaración adoptada con motivo de conmemorarse el 75° aniversario de la ONU, suscrita por 193 gobernantes de los Estados parte, tras la retórica de circunstancia aceptan que "las Naciones Unidas han tenido sus momentos de decepción. Nuestro mundo –precisan aquellos– no es todavía el mundo que nuestros fundadores idearon hace 75 años".

Es reveladora de sus negligencias, así, la afirmación de propósitos hecha en la circunstancia: "Tenemos las herramientas y ahora debemos emplearlas". Cuando menos, revelan que la guía será la Agenda 2030 para el Desarrollo Sostenible –en la que la palabra democracia aparece una sola vez y la de Estado de Derecho sólo cuatro veces, siempre nominalmente, sin exégesis ni siquiera operativa– declarando que, en lo sucesivo, los jefes de Estado y de gobierno que la suscriben, "respetaremos el Derecho internacional y garantizaremos la justicia", así:

"Los propósitos y principios de la Carta y el Derecho internacional siguen siendo normas intemporales y universales y cimientos indispensables para lograr un mundo más pacífico, próspero y justo. Respetaremos los acuerdos internacionales que hemos firmado y los compromisos que hemos asumido. Seguiremos promoviendo el respeto de la democracia y los derechos humanos y mejorando la gobernanza democrática y el Estado de Derecho mediante el fortalecimiento de una gobernanza transparente y responsable e instituciones judiciales independientes".

IV

La realidad actual revela que la macrocefalia institucional del sistema internacional de los Estados, correlativa a la acelerada emergencia de temas nuevos relacionados con lo que algunos denominan el "cosmopolitismo progresista": derechos humanos, protección ambiental, integración y/o migraciones vs. soberanía, solución pacífica de controversias, lucha contra la criminalidad transnacional organizada, terrorismo deslocalizado, desarrollo tecnológico digital, genoma humano, encuentra como contrapartida la pérdida por el Derecho internacional de su unidad teórica y sistemática como de su capacidad para darle coherencia al señalado rompecabezas como expresión de la política o las políticas que lo inspiran. Ocurre una suerte de descodificación de universales para avanzar hacia las especialidades señaladas, en el plano de lo normativo. Empero, lo cierto es que la técnica jurídica del caso, lo dice otra vez Koskenniemi, muestra su total politización sin reparar que "cuando todo es político –lo precisa Carl Schmitt, citado por éste– nada es política".

A la oposición entre el Derecho internacional y el Derecho interno de los Estados que se resuelve de distintas maneras por los ordenamientos constitucionales de estos y por la misma doctrina internacional desde los siglos XIX y XX, ahora le sucede, justamente, la deconstrucción del primer ordenamiento citado a propósito de las mismas fragmentación de las realidades materiales que ocupan a las relaciones internacionales contemporáneas y la coexistencia no pocas veces en conflicto de las ramas de tutela respectiva, que crecen de modo exponencial y en una suerte de caleidoscopio normativo sin un claro hilo conductor en el plano de lo público.

Es la contracara de la explicada disolución del objeto personal y material del Derecho internacional en curso, tal y como la constata resumidamente la Declaración de la ONU en su 75° aniversario, así: Derechos humanos, bajo la perspectiva de los pueblos, no de los Estados; protección de la biodiversidad, "para mejorar y de forma más verde" insertando al individuo, desde luego, dentro de las leyes evolutivas de la Naturaleza; diplomacia preventiva y mediación ante el terrorismo y el extremismo violento, mirando a las causas y no a las consecuencias; Justicia a través del Derecho, sujetando a este a las valoraciones que acerca de aquella haga cada coyuntura política; igualdad y participación de género, suponiendo que las exclusiones se originan en este; fomento de la confianza, reduciendo las desigualdades y exclusiones, sobre todo insertando a quienes intentan forjan como universales sus cosmovisiones particulares; concepción común de la cooperación digital y la interconectividad, dada la misma unidad tecnológica de las plataformas y la práctica de Tecnologías de Eliminación que reducen toda competencia entre diversidades; reforma y financiación sostenible de las Naciones Unidas, para todo lo anterior; relaciones entre los distintos actores internacionales (organizaciones regionales y subregionales, ONG's, sociedad civil y sector privado, círculos académicos y parlamentarios), en una inevitable ampliación de las subjetividades jurídicas; diálogo con la juventud sobre paz y desarrollo, como receptora de las acciones del presente; sistemas de prevención y respuesta a la crisis mundiales y pandemias, al haberse demostrado inexistentes en la actualidad.

De cara al porvenir, la reflexión conclusiva de Koskenniemi y acaso con vistas a lo anterior, dice que, si la perspectiva institucional y normativa del Derecho público carece de algún significado independiente de la perspectiva política coyuntural que se adopta, muere "la promesa universalista y liberadora del Derecho internacional"; tanto como si se la obvia o reduce pierden su relevancia las dimensiones normativa y axiológica, por hacerse irreales o inefectivas.

¿QUÉ HACER A TODAS ESTAS?

Lo primero a tener presente es que es irreal creer que lo planteado hoy será posible sin la voluntad de las naciones más poderosas a los que una corriente planetaria globalista considera necesario destruir antes, para que las cosas sean diferentes. Al efecto atizan la anarquía como estrategia huérfana de destino: la disolución de las identidades ciudadanas y la profundización de las subjetividades raizales o primitivas excluyentes, sean "étnicas, nacionales, religiosas, corporativas".

Occidente tiene derecho a sostener su cosmovisión milenaria sin por ello presentarse como una fortaleza encerrada y asediada; pues al cabo la misma globalización reclama de la supervivencia de todos y el momento, cabe entenderlo, es de una transición «epocal» que obliga a una negociación y transacción posible de las exclusiones de todo orden presentes, sean universales, regionales, nacionales, locales, comunitarias o grupales.

Al caso "sólo se construye una esfera pública – para nosotros la que correspondería a un Derecho internacional renovado para el siglo XXI en un momento de deconstrucción – cuando se ponen en común y se reivindican, como necesidades y expectativas de todos, intereses que requieren políticas, regulaciones e instituciones supra ordenadas y heterónomas respecto de los sujetos singularmente interesados".

Sin que pierda su especificidad el Derecho internacional, y sin que tengamos que ocurrir paralelismos que no vienen al caso por simplificadores de la realidad mundial, cabe recrear el proceso a través del que se forma el Estado de Derecho moderno, como lo refiere Ferrajoli, para comprender los alcances de la dinámica que debe emprenderse sin mengua del carácter propio de las "cosas nuevas".

El autor italiano, argumenta sobre la posibilidad pragmática de un constitucionalismo global, siendo que la misma globalización es como fenómeno un factor de unificación así sea a propósito de los problemas, bajo las ideas de autoconservación y de solidaridad alrededor de derechos que se consideran universalmente reivindicables y de la misma Naturaleza amenazada por las catástrofes ambientales y capaz de unir "virtualmente" a toda la Humanidad. Pero acaso vale lo que con relación a esos mismos argumentos vertebrales – paz y derechos humanos – urge primero lo que aconseja Papa Ratzinger a los Estados reunidos en la Asamblea de la ONU mencionada, la de 2011:

"Cuando en nuestra relación con la realidad hay algo que no funciona, entonces debemos reflexionar todos seriamente sobre el conjunto, y todos estamos invitados a volver sobre la cuestión de los fundamentos de nuestra propia cultura". En otras palabras, es imposible construir o reconstruir sobre lo humano sin considerar como premisa necesaria sus fundamentos antropológicos.

El camino parecería ser, en la dimensión normativa, asumir el desafío de la subsidiariedad tal y como lo plantea el mismo Ferrajoli en su citada obra:

"La imagen del Derecho internacional que expresa el pluralismo de los ordenamientos que lo componen es [o ha de ser]... la de una red compleja y diversamente integrada por instituciones y sistemas jurídicos, articulada en distintos niveles normativos".

Pero ello no basta dada la complejidad de la globalización, por lo que advierte seguidamente:

"La ciencia jurídica internacionalista, después de tres siglos de derecho internacional pacticio, todavía no ha actualizado sus categorías ni se ha liberado de cierta falta de seguridad en sí misma… [no por azar] la soberanía de los Estados sobrevive de hecho como la principal aporía del actual sistema de las relaciones internacionales; [sin siquiera considerar la otra aporía que] afecta también a la ciudadanía, cuyos confines estatales han entrado en contradicción con el proclamado universalismo de los derechos fundamentales".

De modo que, la reconstrucción normativa demanda, cabe reiterarlo, clara conciencia de las realidades presentes –que son lo que son como tales– y convicción acerca de los fundamentos antropológicos en cuestión y sin mengua de la primera dimensión; desafío que ha de sostenerse a la par y al término sobre una dimensión axiológica susceptible de alcanzarse si esperamos que el todo decline en función de la libertad y autonomía de la persona humana.

Impuesta la parálisis abrupta del acontecer humano por la pandemia del coronavirus en 2020 que ya afecta a 30 millones de víctimas y deja un millón de fallecidos en el mundo, la verdad de la realidad habla por sí sola.

Aherrojados en la circunstancia, los fenómenos característicos del siglo corriente que nos interpelan sin que aún encuentren respuestas en el plano del Derecho internacional contemporáneo, pueden resumirse así:

(a) La incapacidad del Estado soberano y sus instituciones constitucionales para asumir, por sí solos, los ingentes desafíos y conjurar los peligros propios de la deriva tecnológica cuando deja de ser medio y se hace finalidad.

(b) De suyo, la inutilidad de las organizaciones multilaterales que forman los Estados y aún conjugan en clave gubernativa, a pesar de la premisa *pro homine* que consagra la Segunda Gran Guerra del siglo XX y es norma de orden público internacional no realizada.

(c) La fractura del tejido social y la segmentación de las poblaciones (originarios, afrodescendientes, musulmanes, LGBT, ambientalistas, abortistas, tribus urbanas, etc.) alegándose el derecho a la diferencia o la exclusión de los distintos, incluso dentro de cada Estado y como subdivisiones dentro del mismo que se sobreponen a las narrativas constitucionales integradoras en lo ciudadano.

(d) La transnacionalización de la criminalidad organizada (terrorismo, narcotráfico, lavado de dineros ilícitos o producto de la corrupción) y el asalto por sus actores de los restos del Estado moderno, transformándolo en nicho de impunidad: La soberanía y su coetáneo principio de la No intervención, otra vez es patente de corso para violaciones sistemáticas y generalizadas de derechos humanos.

(e) La relativización de los comportamientos humanos, al relajarse los códigos o sólidos de la moral universal y romperse la línea que separa la legalidad de la ilegalidad, la verdad de la mentira como fraude a la democracia y al Estado de Derecho, relativizando sus estándares.

(f) La emergencia de una economía virtual, comercial y financiera, fundada en técnicas para la destrucción (TpD) que se niegan a la lealtad en la competencia.

(g) La pugna entre un desbordado antropocentrismo que intenta crear vida y manipular al genoma humano ajeno a los meros fines terapéuticos, y un bio-centrismo marxista que se propone fundir al hombre con la tierra, sobreponiéndole a la Diosa y Madre naturaleza por creadora del todo.

Sujetos a los embates de una aceleración que nos impide mirar a quienes ahora nos acompañan en nuestros refugios, sin tiempo para contemplar a las alturas mientras observamos hacia abajo, pero no a la tierra que nos sostiene sino a nuestros celulares o dispositivos celulares, apreciamos esta vez, forzados, que sólo nos queda el saldo de lo evidente: No nos salvan de la pandemia ni las redes ni el partido o el Estado, tampoco la misma ONU, por huérfanos de narrativas apropiadas e incapaces de contener racionalmente la cultura de inmediatez y virtualidad dominantes, léase también la práctica de descarte de "los diferentes" sin que cese el efecto global e indiscriminado, en lo social y en lo económico, de esta suerte de Primera Guerra "bacteriológica" .

De modo que, a la luz de la dispersión reseñada y sus signos, advierte pertinente Ferrajoli que se impone la reflexión y el planeamiento jurídico y político, a cuyo efecto urgen:

"los límites y vínculos fundamentales idóneos para garantizar [las] promesas de paz y de igualdad en los derechos frente a las agresiones provenientes de la selva de los poderes desregulados, tanto políticos como económicos".

No se trata de contener o frenar, simplemente, pues al término, si se busca conjugar, repito una vez más, en favor del hombre y sus derechos fundamentales *–pro homine et libertatis–* mediará siempre un razonamiento liberal que no se basta con el simple ejercicio de ciencia o de técnica jurídica o de arbitraria ordenación por parte de las fuerzas y poderes dominantes en la coyuntura.

Reclama, sí, la forja de ese orden nuevo global y muy viejo fundado sobre lo que nos une en esta hora, en la que pugnan la descrita dispersión global y sus antagonismos con la dimensión universal de la solidaridad que se hace obligante, si se quiere sobrevivir; ello, admitido que todos formamos parte de la misma familia humana y al margen de las utopías, si se reconoce el sentido común y compartido de la autoconservación entre quienes forman parte, incluso, de "subjetividades excluyentes": afrodescendientes, originarios, identitarios por los géneros que se hacen variados. Pero, sobrevivir todos, unos y otros –apartando la lógica de las Tecnología de Eliminación excluyentes de toda forma de concurrencia social o económica, exige de poner en común los intereses diversos y respectivos, las cosas nuevas, como lo pide el mismo Ferrajoli.

Los problemas están allí, acuciantes, sin respuestas por lo pronto. No las dan los ordenamientos constitucionales por incapaces de extender sus alcances hacia cuestiones que desbordan a la estatalidad clásica, ni el Derecho internacional a la luz de lo antes indicado, sea por los fenómenos sobrevenidos desde mediados del siglo XX, sea por atado a presupuestos incapaces de aprehender a los primeros, a saber: la crisis de la democracia constitucional en los Estados y la pérdida de soberanía real en estos como por la falta de correspondencia entre gobernantes y gobernados de todos los signos; la concentración de otros poderes reales más allá de las fronteras de los Estados: como las organizaciones delictivas estructuradas y transnacionales, incluidas las que promueven migraciones transfronterizas; y ahora las señaladas amenazas bacteriológicas que, de conjunto y de no encontrarse una base ética y normativa comunes que las enlace, serán capaces de aniquilar cabalmente el ideal kantiano de la paz.

Lo cierto es que habrían quedado atrás como resabios de un engaño o de buenas intenciones que se anticiparan al caos actual, dentro de esa larga transición treintañera que se inicia en 1989 y debilita los lazos comunes que nos lega el Holocausto, el choque de civilizaciones descrito por Samuel Huntington (1993), que vuelve a revalorizarse hoy; la respuesta del Diálogo de Civilizaciones planteado por el presidente reformista de Irán, Moham-mad Khatami (1998); y la sucesiva Alianza de Civilizaciones propuesta por la izquierda española (2004) para enfrentar al Occidente.

Las civilizaciones siguen en pie, sin matizaciones, cuando menos la islámica y la confucionista. La judeocristiana, la de los universales, una par-te decidió acompañar al globalismo progresista y relativista en boga. Se neutralizó para no empañar su adjetiva tolerancia, avergonzándose de su legado milenario y de sus prédicas de libertad y respeto a la dignidad de la persona humana. Incluso la misma Iglesia romana que ayer impulsaba el reconocimiento expreso de las raíces constitucionales por el preámbu-lo de la frustrada Constitución de Europa (2006) ahora anda en búsqueda de "rostros amazónicos", en procura de un mundo de particulares y dejos panteístas.

La experiencia de la pandemia ocurre, paradójicamente, al cerrarse el ciclo histórico señalado que se inaugura con el fracaso del socialismo real y la caída del muro de Berlín. Entonces se predica el final de la historia y la Humanidad ingresa a la sociedad de la información, quedando bajo domi-nio del ecosistema digital.

Las gentes del Oriente de las luces y del Occidente de las leyes, las del Norte vikingo e industrializado como las del Sur de las civilizaciones mate-rialmente empobrecidas, todas a una se han recogido como vivido el Gran Frenazo. Se recogen en sus "cuevas" y se miran en sus sombras obligadas por una cuarentena y su regla de «distanciamiento social» que no separa credos, religiones, confesiones, ideologías, sexos, tampoco "civilizaciones", como cabe reiterarlo.

V

Lo "que es común gracias al entendimiento de que cada comunidad se funda siempre sobre alguna exclusión y, por tanto, en el modo de de-finirse cada una de ellas, [es que] para ser aceptables, han de admitir que las exclusiones que propician deben ser constantemente renegociadas para que se amplíe el horizonte comunitario", refiere como enseñanza Ferrajoli con vistas a la fragmentación en avance de la realidad mundial; lo que vale también como concepto para cada institución normativa en lo particular, a cuyo efecto habrá de construirse el ordenamiento cosmopolita sucedáneo del moderno Derecho internacional no por la vía inductiva, como una suma de piezas autónomas y en sus proyecciones tal y como lo intentaran los juristas del siglo XIX, sino a la luz de los principios que le son transversales y dan racionalidad a lo jurídico, como se intentara a partir de 1945.

La cuestión, para él, es elemental y agonal:

"El principio de la soberanía como *potestas legibus soluta*, mientras siga informando las relaciones de hecho entre los Estados, … designa nada menos que un vacío de Derecho, al ser su regla la ausencia de reglas, es decir, la ley del más fuerte".

Y agrega un párrafo que le da claro sentido a estas páginas epilogales:

"Una sociedad internacional incivil por desregulada, una general anomia y una regresión neo-absolutista a la ley del más fuerte tanto de los Estados con mayor potencia militar como de los grandes poderes económicos transnacionales… generan en las víctimas rebelión y resistencia; [y] el riesgo de trastornar por completo el entero edificio de la democracia constitucional en los propios ordenamientos estatales internos… Democracia constitucional interna y Derecho internacional están hoy cada vez más estrechamente conectados [en sus carencias y en sus desafíos] debido a los efectos que produce la actual globalización sin reglas".

El juicio concluyente del célebre filósofo de Königsberg hace una lúcida y útil construcción desde lo negativo –la del «enemigo injusto» como lo llama– y que es de vital actualidad, si miramos a los nichos o retículas de exclusión social que menguan toda expresión de libertad y democracia, pero lo adjetiva:

"Es aquél cuya voluntad públicamente expresada (sea de palabra o de obra) denota una máxima según la cual, si se convirtiera en regla universal, sería imposible un estado de paz entre los pueblos y tendría que perpetuarse el estado de naturaleza" (Emmanuel Kant, *Fundamentos de una metafísica de las costumbres*, Madrid, 1881).

Según lo percibe mi experiencia, presenciamos una alianza en la agonía de paradigmas agonizantes. Cede el Estado como estadio en el desarrollo del principio de subsidiariedad que busca rescatar como terapéutica reconstructiva de lo normativo el mismo Ferrajoli, y que parte del individuo y finaliza en la idea de la Humanidad o género humano; de suyo se revelan agotados y también frustrados los basamentos históricos de la «república de las naciones» - así la llama don Andrés Bello (1781-1865) en sus *Principios de Derecho de Jentes*, que publica en Santiago de Chile y en Caracas, en 1832 y 1837- y del mismo Derecho internacional moderno.

La descripción conclusiva de Ferrajoli es decidora sobre el no hacer ante el hacer pendiente y que urge:

> "La sociedad salvaje de los Estados no es una sociedad de hombres o lobos naturales, sino la sociedad de esos «hombres artificiales», como los llamó Hobbes [Leviatanes]... creados por los hombres para la tutela de sus derechos y que hoy tienen el riesgo de escapar a su control y levantarse contra sus creadores como máquinas o lobos artificiales virtualmente capaces de destruirlos".

Así las cosas, "buscar al hombre que sufre, yendo en búsqueda de él más allá de las fronteras de las naciones y de los continentes", marcará, ciertamente, la medida de lo universal. Al caso y por serlo no se limita a la superación "de algunas fronteras, formulas políticas o sistemas" el "abrirse al otro", pues todos somos potenciales víctimas, a manera de ejemplo, del mal pandémico que nos aqueja. Se trata de ser cercano a los otros, tal y como lo demanda con anterioridad el artesano moral del final del comunismo soviético: Juan Pablo II, para que la solidaridad sea exactamente eso, un estándar universal. Siendo universal no se niega a los particulares, sino que éstos se justifican en aquella.

Se concreta en "ámbitos de necesidades humanas perentorias" – las zonas particulares de solidaridad - e implica, necesariamente, las ideas de transparencia, de servicio a la verdad, en modo de que se salvaguarde al necesitado de las manipulaciones de los egoístas.

Salvo bajo realidades conocidas y sometidas a regímenes despóticos, la lucha contra la pandemia del coronavirus ha tenido un manifiesto sentido democratizador sustantivo, igualitario. Intenta alcanzar a todos, horizontalmente, contar con todos para derrotarla. Deja que la experiencia guíe y participe con prioridad, anulando las tentaciones populistas.

Lejos de la globalización digital y de la inutilidad de los Estados-alcabala ante el desafío, ante la deficiente y explicable acción internacional por la pandemia, los gobiernos han tenido que confiar más en las localidades y comunidades para que sus medidas alcancen aceptación general y se hagan efectivas.

¿Habrá espacio, en fin, para entender al Derecho cosmopolita como un eventual sucedáneo del Derecho internacional y algo separado de los fenómenos sociales y axiológicos enunciados, reduciéndole a experiencia formal según la mejor tradición kelseniana o para verlo como un simple reflejo del antagonismo amigo vs. enemigo predicado en su tiempo por Carl Schmitt (1888-1985) e innegable fenómeno de la transición? ¿O vale la corrección que un sucesor de este, Hans Morgenthau (1904-1980), introduce con su vertiente más que realista fundando al Derecho internacional en el interés en cuanto al manejo de las relaciones internacionales, de un formalismo jurídico racional visto el despliegue de poderes en curso y en medio del pronunciado desorden o caos global en curso?

La propuesta, en fin, es retomar o encontrar la línea transversal del orden indispensable y ahora global o cosmopolita que lo ancle y le permita asumir una nueva perspectiva cívica ampliada, apoyada sobre la verdad inconmovible de la "identidad común"; sin mengua de las diversidades humanas crecientes y de la participación de estas, fatalmente, alrededor de "intereses vitales" que han de compartirse para sobrevivir y mediante transacciones alrededor de las exclusiones que se consideren injustas.

Desde una perspectiva ética, cabe pensar que a la fractura de los sólidos y símbolos del capitalismo –las torres gemelas de Nueva York (2001) derrumbadas por el terrorismo deslocalizado que a la vez le pone punto final, por irreal e inefectivo, al Derecho internacional de los Estados– se le agrega más tarde la de los sólidos romanos. Y es que Papa Francisco, concluyendo el año 2019 declara ante la Curia Romana que "no estamos más en la cristiandad. Hoy no somos los únicos que producen cultura, ni los primeros, ni los más escuchados". De donde, aproximándose ahora el final del año corriente, en su Encíclica *Fratelli Tutti* invoca repetidamente –luego de concertarla con el Gran Imán Ahmad Al-Tayyeb de Abu Dabi– el ideal de la «fraternidad universal», base filosófica de la masonería. Al efecto, como cabeza del catolicismo y del Estado vaticano titula uno de sus apartados con la divisa del Gran Oriente de Francia: Libertad, igualdad, fraternidad. De donde la pregunta se impone: ¿Acaso se trata de una revisión entre líneas de la condena que hiciera la Iglesia a la Revolución Francesa y de una apuesta renovada por el racionalismo liberal, como fundamento del orden global esperado?

Una consideración de fondo nos hace Ferrajoli y a manera de cierre de las reflexiones precedentes, a saber, que no es la hora de los pesimistas del realismo quienes afirman la inmovilidad monótona de un decurso de fatalidades, ni la de las miopías nacionales o generacionales. Cabe afirmar, entonces y una vez más, la validez teleológica del ideal kantiano de "los tiempos mejores": dejando a quienes no lo compartan la carga de la prueba.

Ese ideal lo hicieron posible las reglas humanistas y humanitarias de San Francisco, en 1945, por más que las realidades hubiesen torcido el rumbo en los decenios sucesivos hasta volver a recrear un clima de impunidad en el mundo. Antes fueron esbozadas por el mismo Vattel a contrapelo de la realidad histórica que le rodeaba y al construir teóricamente o describir normativamente las relaciones internacionales, «declinando» siempre a la luz de la idea de Humanidad que le tiene como pionero intelectual durante la modernidad: "Sería un error igualmente funesto y grosero imaginar que todo deber cesa, que todo vínculo de humanidad se rompe, entre dos naciones que hacen la guerra", sostiene.

¿Acaso unidos, como lo predica Ferrajoli, por "la exigencia universalista de la autoconservación"? ¿Sólo posible, según lo dicta la experiencia y desde la perspectiva de la Justicia, bajo la noción de responsabilidad que predica Emer de Vattel (1714-1767) al fijar las bases del derecho internacional moderno: "Una nación debe preservar los derechos que le pertenecen: el sentido de su seguridad… no le permite sufrir de injurias [pero…] no le está permitido olvidar sus deberes para con las otras" (*Le droit des gens ou principes de la loi naturelle*, Neuchatell, 1773, tome I).

VI

Sobre la idea de responsabilidad que iluminaría el principio de la Justicia Social Internacional – tema pertinente al debate actual y sobre las asimetrías sociales que provoca la globalización – y pesa sobre quienes más tienen con relación a las naciones preteridas (Biblioteca Rafael Caldera, Justicia social internacional, Prólogo de Asdrúbal Aguiar, Caracas, Cyngular, 2015), el Institut de Droit International bajo su último Rolin, ya en 1963 le abre un camino seminal en el marco de los derechos y deberes entre los Estados al controversial *devoir d'assistance*.

En 2011, Joseph Razinger, como Papa Benedicto XVI sostuvo ante la ONU, justamente y a propósito de sincronía evidente entre los principios de solidaridad, justicia y responsabilidad, que:

> "El principio de la «responsabilidad de proteger» fue conside-
> rado … con razón como precursor de la idea de las Naciones
> Unidas [cuya fundación] … coincidió con la profunda conmo-
> ción experimentada por la Humanidad cuando se abandonó la
> referencia al sentido de la trascendencia y de la razón natural
> y, en consecuencia, se violaron gravemente la libertad y la dig-
> nidad del hombre".

Se practica así, por lo demás, el principio de la subsidiariedad tan caro a Ferrajoli y que sólo ve inhibido por la aporía que para el Derecho internacional ha significado, históricamente, la noción de la soberanía.

En suma, los universales de solidaridad, transparencia, democrati-zación, subsidiaridad, sin perjuicio de las innovaciones constitucionales y orgánicas que reclama el orden global pendiente y sus concreciones cons-titucionales domésticas, habrán de estar presentes, acaso, como principios superiores en todos los planos de la experiencia humana, la personal, la social, la cultural y la política. Expresan de conjunto y en su plenitud la dimensión de la Justicia. Han de sujetar, por ende, la relación legitimadora entre medios – como el ecosistema digital contemporáneo - y fines legítimos hasta que se restablezcan los equilibrios perdidos durante la transición que iniciada en 1989 llega ahora a su final.

En uno u otro caso, siendo consistente con la premisa de nuestra tesis doctoral (A. Aguiar, *Derechos humanos y responsabilidad internacional del Esta-do*, Caracas, Editorial Monte Ávila Editores Latinoamericana/UCAB, 1997), sin cerrarme a las otras consideraciones que suscita el presente epílogo y que permanecerán abiertas al debate, mal puedo obviar lo que ha sido mi juicio respecto del Derecho internacional y su fundamento constante, el que le otorga consistencia y ha permitido su sistematización como disciplina:

> "Si se revisa la práctica diplomática no es difícil constatar cómo
> muchos Estados poderosos cumplen los tratados que han sus-
> crito con Estados más débiles y en donde 'la obediencia, en
> sentido sociológico, puede deberse a muchas otras razones',
> distintas de la posibilidad real de que el Estado débil pueda

apelar a la amenaza del empleo de la fuerza material en supuestos de violación de las obligaciones pactadas. "Lo que [ha de] importa[r] al jurista, entonces, es que en la gran mayoría de los casos las ordenanzas sean obedecidas o, planteado el problema normativamente, que las normas generales se apliquen", sin que necesariamente medie el temor a la coacción formalizada.

"Así planteadas las cosas, hemos venido sosteniendo que el Derecho existe como tal y adquiere especificidad no sólo cuando dos o más de sus sujetos coexisten o conviven dentro de un escenario relacional y societario. Existe Derecho cuando dichos sujetos admiten la idea de reciprocidad en los intercambios, lo cual supone que toda ruptura en el equilibrio relacional así preestablecido impulsa su oportuna reconducción o restablecimiento. El cuándo y el cómo de la reconducción dependerá, en un plano subsidiario, de la estructura institucional históricamente considerada y de los valores civilizatorios implícitos en la misma.

"Dicho en otras palabras, todo orden adquiere especificidad y contextura jurídicas una vez que sus destinatarios lo aceptan y asumen como un orden de medidas que sólo puede realizarse en la voluntad o en la libertad y su correspondiente ejercicio; de donde la libertad de cada asociado presupondrá la libertad correlativa de los otros asociados, transformándose ambas en el límite o punto de equilibrio de las otras. Toda limitación recíproca de la libertad, en la definitiva, impondría a cargo de unos sujetos el respetarla y a favor de otros exigir ese respeto.

"Este postulado resume, o mejor aún, del mismo se desprende directamente la noción o idea jurídica de la responsabilidad y la necesidad de que ésta, sin estar conceptualmente sujeta al imperativo de la coercibilidad, pueda realizarse de manera espontánea por quienes se integran en el plano social. Si falta en los asociados la convicción íntima de que el orden presupone y se fundamenta en dicha idea o categoría, no es dable ni posible la vigencia de eso que conocemos como Estado de Derecho. A lo sumo, estaríamos en presencia ora de un escenario relacional anarquizado ora de un escenario sujeto a repartos autoritarios de conducta, establecidos por quienes dentro del mismo sean poseedores de una mayor capacidad acumulativa de poder. Pero, en uno u otro caso, faltaría la «especificidad» jurídica por estar ausente en los asociados la convicción general e íntima sobre las bondades y la efectividad social trascendente de las normas de conducta así legisladas".

En suma ¿los que alegan sus derechos humanos exponenciales en la actualidad, incluso provocando inflaciones que debilitan sus texturas y toda capacidad institucional interna e internacional de garantías, al cabo no reclaman siempre el *respondeo*, la *instaurabo*? ¿Y cuando son ellos mismos los que violentan los derechos de terceros, pueden en justicia negarse al reclamo de *responsum* et *indempnos*?

¿De la comisión de crímenes de trascendencia internacional, al término, lo que se colige nos es otra cosa que obtener la contraprestación de los responsables? ¿Y, cuando en el ejercicio legítimo de sus derechos soberanos como la investigación científica o médica para la producción de virus que corrijan enfermedades, un Estado –es el caso de China– causa daños transfronterizos a las poblaciones de otros no debe o se le pide la reparación de los daños irrogados o *damna reparare*?

Ante la globalidad de los problemas, entonces, sólo se puede predicar la globalidad de las soluciones a la luz de ese principio ordenador y central, el de la responsabilidad. Y según parece, todas las demás premisas pasan por el filtro o tamiz o se desprenden de ésta, como la subsidiariedad, la alteridad, la solidaridad, incluso la referida idea de la supervivencia. Así ha sido a lo largo de la historia del Derecho. Ese ha sido el núcleo de todos los ordenamientos consuetudinarios y pacticios al punto que han intentado casi doblegar la idea de la soberanía, al punto de ir transformándola en otra, la del ejercicio de una competencia conforme o no con el Derecho y la justicia.

Lo que si es cierto es que mientras que el discernimiento entre el bien y el mal, entre los atentados graves a las leyes de Humanidad o sus protecciones, dependan de la fuerza de las mayorías sobre las minorías – situando en el paradigma democrático procedimental – la llave de un Derecho cosmopolita apropiado al siglo XXI, como lo sugiere Ferrajoli, la mineralización del relativismo no hará más que hacer de la anarquía global en curso una regla consuetudinaria. Será la antesala de otra modalidad imperial e histórica que encontrará un renovado impulso en quienes anhelan, así sea intersticios de paz en medio del desorden.

Acepta el florentino, no obstante, que "lo que hoy llamamos globalización se caracteriza por una creciente inadecuación tanto de la política como del Derecho, en paradójico contraste con las dimensiones y la gravedad de los problemas que ella suscita". Al efecto, si bien, como lo hace presente ante la ONU Benedicto XVI (Discurso de 18 de abril de 2008) "la búsqueda, siempre nueva y fatigosa, de rectos ordenamientos para las realidades humanas es una tarea de cada generación", el anclaje antropológico de la construcción esperada, para que sea efectiva a la vez que proclive a la idea de la perfectibilidad del género humano, obliga a tener a mano la enseñanza y experiencia constante, que mal puede agotarse en los odres de un siglo como el actual. Y la experiencia nos está demostrando hoy que cuando a menudo la legalidad prevalece sobre la Justicia haciendo aparecer a los derechos humanos como "resultado exclusivo de medidas legislativas o decisiones normativas tomadas por las diversas agencias de los que están en el poder", aquellos se vuelven proposiciones frágiles, sin fundamento trascedentes, ajeno a lo ético y lo racional.

La enseñanza propositiva del Papa jubilado es prudente y pertinente para los fines de salvar al Derecho internacional de su deconstrucción y en tiempos deconstructivistas, ofrecerle una armadura interna susceptible de sostener al conjunto de las diversidades dentro de un Derecho que se hace cosmopolita:

"La universalidad, la indivisibilidad y la interdependencia de los derechos humanos sirven como garantía para la salvaguarda de la dignidad humana. Sin embargo, es evidente que los derechos reconocidos y enunciados en la Declaración [Universal de 1948] se aplican a cada uno en virtud del origen común de la persona… se basan en la ley natural inscrita en el corazón del hombre y presente en las diferentes culturas y civilizaciones. Arrancar los derechos humanos de este contexto significaría restringir su ámbito y ceder a una concepción relativista… La Declaración Universal tiene el mérito de haber permitido confluir en un núcleo fundamental de valores y, por lo tanto, de derechos, a diferentes culturas, expresiones jurídicas y modelos institucionales", finaliza Ratzinger.

Y tan coincide con la última perspectiva el propio Ferrajoli que, refiriéndose a la democracia cosmopolita como construcción jurídica en la época de la globalización y enumerando las razones que hacen posible la expectativa de "nuevas guerras" – la marginalidad de la ONU y la descalificación del Derecho internacional, la quiebra definitiva de los valores occidentales, las crisis de las libertades y de sus garantías en Occidente, la vigencia universal de un *legibus solutus* que ya muestra la experiencia en curso – pide a los juristas y a los políticos ser conscientes de que ante la creencia de que el relativismo ofrece alternativas exponenciales, la historia prueba lo contrario. Su ambigüedad siempre ha transitado en dos direcciones opuestas: "hacia la paz o hacia la guerra, hacia la libertad o hacia la opresión".

Termina observando, al cabo, que "el camino de la paz y de la libertad pasa ciertamente a través del reconocimiento y protección de los derechos del hombre… un camino difícil. Pero no existen alternativas", señala. Fue, al caso, lo que entendieron de manera luminosa los responsables de armar el orden mundial de "Naciones Unidas", sucesivamente traicionado, en lo particular desde 1960, punto de declinación del "suave civilizador de las naciones" según Koskenniemi.

"Preservar a las generaciones venideras del flagelo de la guerra, que dos veces durante nuestra vida ha infligido a la Humanidad sufrimientos indecibles [y] reafirmar la fe en los derechos fundamentales del hombre, en la dignidad y el valor de la persona humana, en la igualdad de derechos de hombre y mujeres…", fue el desiderátum, según el Preámbulo de la Carta de San Francisco, de esa organización que se ha vuelto inútil, suerte de medicatura forense y patio de celestinaje de los mayores violadores de derechos humanos en el mundo, la ONU.

Los autores de la Carta de San Francisco asumieron un deber militante, tal y como se desprende del documento preliminar que suscriben en Washington D.C. el 1° de enero de 1942, en plenitud de la Segunda Gran Guerra. 26 naciones, entre éstas Rusia, China, Estados Unidos, y el Reino Unido declararon "estar convencidas de que la victoria completa sobre sus enemigos es fundamental para defender la vida, la libertad, la independencia y la libertad religiosa, y preservar los derechos humanos y la justicia en sus propias tierras, así como en otras tierras, y que ahora están comprometidos en una lucha común contra las fuerzas salvajes y brutales que buscan subyugar al mundo".

Sensiblemente, las exigencias de la guerra de ordinario suscitan perspectivas que de no ser tamizadas a tiempo y para el tiempo sucedáneo, acaban subordinando las ideas de paz y de respeto por las libertades a una cuestión de poder, de mayorías o minorías como ha ocurrido. Tanto que, en el encuentro de Moscú de 30 de octubre de 1943 las potencias señaladas fijan como fundamento real de la organización que habrá de nacer, la ONU, "el principio de la igualdad soberana de todos los Estados…, y la adhesión de todos esos Estados, grandes y pequeños, para el mantenimiento de la paz y la seguridad internacionales". El poder de policía y su lógica material, así, sujetó y primó desde entonces sobre la ética de los derechos humanos.

Hans Kelsen, eximio jurista alemán, previno a tiempo sobre la inconveniencia de dejar en manos del voto entre los poderosos o sus asambleas decidir asuntos tan cruciales como calificar las rupturas de la paz o los atentados contra el principio de primacía de la dignidad humana; cuestión más apropiada, según este, para entes independientes como la Corte Permanente de Justicia Internacional. Desde su enorme fe en lo jurídico y radicalizando el ideal del Estado de derecho, la propuesta, según sus exégetas, es "pacificar las relaciones internacionales utilizando el Derecho". Pero vale aquí la admonición de Benedicto XVI, ante el parlamento federal alemán (Discurso del 22 de septiembre de 2011):

> "Para gran parte de la materia que se ha de regular jurídicamente, el criterio de la mayoría puede ser un criterio suficiente. Pero es evidente que en las cuestiones fundamentales del derecho, en las cuales está en juego la dignidad del hombre y de la humanidad, el principio de la mayoría no basta: en el proceso de formación del derecho, una persona responsable debe buscar los criterios de su orientación".

De modo que, concluyendo estas páginas, si hemos de escandalizarnos por el ingreso reciente al seno del Consejo de Derechos Humanos de la ONU de gobiernos que cosifican al ser humano y violan sus derechos, mientras otros se abstienen o declaran neutrales ante los crímenes de lesa humanidad que se suceden en Venezuela, China, Rusia, Cuba – con sillas en ese órgano responsable de velar por la aplicación del Derecho internacional de los derechos humanos - ello es el efecto de la esquizofrenia de un sistema universal que, desde mediados del siglo XX, decidió avanzar sobre una aporía: su oscilación oportunista "entre el humanismo cosmopolita y la apología de la razón imperial", como bien lo denuncia Martti Koskenniemi, miembro de la Comisión de Derecho Internacional de la ONU.

Condado de Broward, 2 de noviembre de 2020

DERECHO INTERNACIONAL
Y GOBERNANZA GLOBAL POST COVID-19
El deconstructivismo del Derecho y las relaciones internacionales en la Era Digital

> "--- definir le statut juridique de la scéne internationale à l'époque de la mondalialisation. Quel contenu peut-on assigner au droit international aujour-d'hui? Ce contenu est-il véritablement different du rapport de forces entre puissances? (Agnes Lejbowicz, Paris, 1999)

> "Una sociedad internacional incivil por desregulada, una general anomia y una regresión neoabsolutista a la ley del más fuerte tanto de los Estados con mayor potencia militar como de los grandes poderes económicos transnacionales… generan en las víctimas rebelión y resistencia; el riesgo de trastornar por completo el entero edificio de la democracia constitucional en los propios ordenamientos estatales internos… Democracia constitucional interna y Derecho internacional están hoy cada vez más estrechamente conectados [en sus carencias y en sus desafíos] debido a los efectos que produce la actual globalización sin reglas"."
> (L. Ferrajoli, Principia Juris, 2011)

Durante el siglo XXI en avance, signado como se encuentra por la idea de una tercera y cuarta Revolución Industrial o de la Industria 4.0 caracterizadas, a primera vista, por el dominio digital y de la inteligencia artificial, la mundialización de las relaciones políticas, sociales, económicas y comerciales y de la información telemática, en un marco de desintegración de las fronteras e incluso de paso definitivo desde el plano de la manipulación genética al desafío de la robótica, de suyo reclama la revisión en perspectiva del actual Derecho internacional y de las relaciones jurídicas globales en emergencia. Así lo exige el aseguramiento de la gobernabilidad y gobernanza en el planeta, en un momento dominado por las incertidumbres culturales y el dominio de la posverdad (César Cansino, "Teorizando la posverdad: Claves para entender un fenómeno de nuestro tiempo", en la obra colectiva Fake News ¿Amenaza para la democracia?, Miami, MDC/EJV, 2020): posmarxismo, poscapitalismo, posdemocracia, posmodernidad, y de suyo las consiguientes relativizaciones de lo antropológico.

La realidad de los Estados soberanos yuxtapuestos, que han sido los sujetos por excelencia del Derecho internacional, se reduce aceleradamente dentro del marco de la ya conocida y denominada "aldea global" (Marshall McLuhan,1911-1980). Aquellos pierden dentro de ésta su fuerza integradora de lo nacional y relacionadora con el exterior, incluso se debilitan las organizaciones internacionales intergubernamentales nacidas a raíz de la Segunda Gran Guerra del siglo XX. La ineficacia de estas y los mismos Estados para enfrentar la pandemia universal del coronavirus, con sus gravosas secuelas, ha quedado al desnudo. La Humanidad presencia y vive una suerte de metafórica primera guerra del siglo XXI, viral, que de suyo, como en las grandes guerras del siglo anterior, hace cristalizar los trastornos de los moldes geopolíticos y culturales dominantes iniciados en 1989, hace treinta años.

El mismo carácter vinculante acusado por las decisiones y resoluciones – lato sensu - de unos y de otras, adoptadas conforme a sus Constituciones o tratados marco, es hoy contestado y abiertamente desconocido por sus destinatarios, incluso aquéllas sobre cuya inmediatez y obligatoriedad formalmente no existen dudas. En las cuestiones vertebrales, como las relativas a la prevención o la persecución de los crímenes de lesa Humanidad y los genocidios, vuelve a sobreponerse la dilación diplomática y la distorsión que se arrastra una vez pasados los primeros veinte años desde el Holocausto, a saber, la regla del voto de las mayorías soberanas regresa con fuerza renovada. Ante las violaciones sistemáticas de derechos humanos que se generalizan en el mundo, de ordinario se protege a sus responsables tras argumentos de oportunidad política, sociológicos o reivindicativos, encubriéndose así la inefectividad contemporánea del arsenal diplomático o su cambio de perspectivas ideológicas.

Se abren paso reclamando el reconocimiento de sus subjetividades en el plano de lo global o imponiéndolas en los hechos otros sujetos, distintos de los reconocidos por el Derecho internacional o el Derecho interno de los Estados para el manejo de las relaciones exteriores. Compiten o se oponen a éstos – ¿son la expresión de las deconstrucciones que sufren tales ordenamientos? – y también a las organizaciones multilaterales que congregan a los primeros para la salvaguarda del interés común o conjunto de la Humanidad.

Allí estaban, hasta ayer y aún hoy, no sólo el individuo, a quien se le arrastra al plano internacional y transnacional bajo la cobertura sea de sus derechos humanos sea para perseguirle penalmente por sus atentados a éstos, sino los conglomerados económicos y financieros globales (BINGOS). Igualmente, las denominadas organizaciones No gubernamentales (INGOS). Pero lo que es protuberante, bajo el reclamado derecho a la diferencia y el desmembramiento de la idea de la ciudadanía dentro de la nación, surgen expresiones identitarias raizales o mónadas sociales crecientes y autónomas que desbordan la idea del pluralismo democrático (indígenas, afrodescendientes, LGBTQI, ecologistas, tribus urbanas, etc.) y se transversalizan más allá de los Estados. Junto a las plataformas digitales que ahora potencian sus actividades y las reúnen dentro de la virtualidad como en la indignación compartida al no ver satisfechos sus «derechos de logia», ahora ocupan, al igual que aquellas, los «nuevos propósitos» de las Naciones Unidas (A.Aguiar, "La política en el ecosistema digital", Papel Literario, 23 de febrero y 1° de marzo de 2020). Y dada la "ruptura de las costuras del Estado, la figura sobre la que se había construido el mundo desde la Paz de Westfalia (1648)", pasan las migraciones y los migrantes como sujetos "el gran problema político de nuestro tiempo" (Reyes Mate, "Los refugiados, clave de nuestro tiempo", Papel Literario, 7 de febrero de 2021).

Los BINGOS han sido capaces de generar su propio Derecho corporativo de efectos transnacionales, sea por vía de los hechos o creando realidades inevitables al margen del orden internacional formal conocido; dotados, a la vez, de un evidente soporte de poder real del que han carecido las normas del Derecho internacional clásico. Pero gozando, de suyo, de una efectividad no discutible tales conglomerados financieros y económicos, las emergentes cadenas de valor global que se imponen, apalancadas sobre Técnicas de Eliminación (TDE) dentro de los mercados y mediante mecanismos de integración vertical y horizontal, comienzan a desplazarlos. Los modelos Amazon y UBER son paradigmáticos del Nuevo Orden que busca imponerse. Y en el plano digital, la dinámica de las redes (Twitter, Instagram, Facebook) así como crea realidades competitivas dentro de mercados artificiales, así también los apaga en instantes breves, discrecionalmente, para favorecer a otras, incluidas las políticas.

En el pórtico de este inédito panorama, con incidencias protuberantes en la política y en el Derecho emergen con talante original o renovado, a la par de las anteriores, otras subjetividades o categorías jurídicas cuyo tratamiento doctrinal ha sido sostenido a lo largo de las últimas décadas, sin que hayan cristalizado cabalmente. La Humanidad como sujeto, el Patrimonio Común de la Humanidad, la Solidaridad Digital como principio ordenador, la unidad de todos alrededor de la Naturaleza y de sus reglas de evolución objetivas y el reclamo de los «derechos de la Naturaleza», o la unidad y a la vez diferenciación de todos los individuos según sea el tratamiento que reciba el genoma humano, son temas inexcusables de consideración.

La primera categoría indica al sujeto final, objeto y también consecuencia de las relaciones transnacionales y del orden mundial en emergencia: que predica como tal Humanidad el parentesco y unidad en la diversidad de todo el género humano, justificando al fenómeno de las migraciones; pero pugnando en igual orden y según lo dicho, con el derecho ahora preeminente – así se le presenta – a la diversidad o la diferenciación excluyentes, la de los citados nichos o mónadas identitarias como nuevos límites dentro de cada Estado y ajenos a los límites políticos entre los Estados.

Desde mediados del siglo XIX y hasta los inicios del siglo XX, ya don Andrés Bello se refiere al "patrimonio indivisible de la especie humana": no apropiable por las soberanías estadales o por cualquier persona natural o jurídica. La Declaración de Principios de la Cumbre Mundial sobre la Sociedad de la Información de 12 de diciembre de 2003, recuerda, seguidamente, que junto a la defensa de los derechos humanos, de la democracia y del "buen gobierno", la construcción de una sociedad de la información incluyente, que elimine la brecha en el uso de las tecnologías de la información y de la comunicación (TIC) requiere "nuevas modalidades de solidaridad, asociación y cooperación entre los gobiernos y demás interesados, es decir, el sector privado, la sociedad civil y las organizaciones internacionales".

En el marco de Naciones Unidas se vienen adoptando declaraciones a cuyo tenor "los pueblos indígenas tienen derecho a mantener y fortalecer su propia relación espiritual con las tierras"; o como lo predica la doctrina ambientalista integrista al respecto, "en presencia de esta realidad el hombre está en la obligación ineludible de entablar relaciones conscientes con la naturaleza como tal y de hacer lo posible por entenderla y por entenderse con ella (G. Stuntzin, 2013)". Finalmente, la Declaración Universal sobre el Genoma Humano adoptada por la UNESCO en 1997, afirma la unidad de todos alrededor de este, debiendo, sí, según ella, respetarse la unicidad de cada persona y su diversidad a la vez que atender el carácter evolutivo del mismo genoma humano "en función del entorno natural y social de cada persona". Se trata de temas, cabe reiterarlo, propios de la agenda global y que se sobreponen en la misma medida en la que son desplazados el de la democracia y el del Estado de Derecho.

La virulenta acción criminal desplegada por el terrorista musulmán Osama Bin Laden el 11 de noviembre de 2001, sobre el World Trade Center de Nueva York y el Pentágono en Washington: iconos de la muy señalada potencia ordenadora de la última Gran Guerra del siglo XX, la norteamericana, da al traste sin solución de continuidad con el orden jurídico internacional de los Estados soberanos y de su exclusividad como poseedores de potencia y repartidores del orden frente a sus recipiendarios. Se trata del orden mundial que se forja a lo largo de la modernidad y que, con atenuaciones distintas pero sin fracturas en sus bases esenciales, se vio prorrogado sine die y hasta finales del pasado siglo a través de la Sociedad de las Naciones y después de la Organización de Naciones Unidas. Afirmarlo no es una exageración, si bien es pertinente la afirmación que sitúa la declinación o caída del Derecho internacional en su efectividad a partir de los años '60 del siglo anterior, bajo el peso de la bipolaridad internacional (vid. Koskenniemi, cit.)

En tal instante, fugaz pero traumático, se conciertan de manera inesperada el acto suicida de un "grupo rebelde" no estatal y fundamentalista , provisto de indiscutible poder real y manifiesto propósito desestabilizador del orden trasnacional vigente, por una parte y por la otra, su transmisión en tiempo real instantáneo por las señales de televisión hacia todo el planeta: causando ambas realidades, en especial la última y dada la inmediatez contemporánea de las informaciones, un efecto demoledor e inhibitorio sobre la conciencia humana universal nada parangonarle con el alcanzado por las guerras de agresión habidas entre los Estados durante el curso de los últimos siglos. La pandemia del Covid-19 señalada alcanza a superar ese efecto, el del miedo colectivo y universal a partir de 2020, desfigurando y hasta conteniendo, acaso, el sentido liberador del respeto e intangibilidad de la dignidad de la persona humana descubierto a partir de 1945 y ahora sujeta a enclaustramiento, a distanciamiento social.

La pandemia universal en curso actual, que se deriva de una actividad científica propia de lo global y de riesgo realizada en el Instituto de Virología de Wuhan, China, desde el que se habrían desprendido los daños transfronterizos globales, ha sido capaz de paralizar la vida humana y causar efectos humanos, económicos y sociales devastadores, más propios de una guerra convencional sujeta al control crítico de los Estados y sus gobiernos. Pero quienes eso niegan, incluidos algunos científicos, hacen una revelación todavía más preocupante por lo incontrolada que sería pero capaz de doblegar la vida social y política de todo el planeta: "«Nuestros análisis muestran claramente que el SARS-CoV-2 no es una construcción de laboratorio o un virus manipulado a propósito»" (CNN, febrero 3, 2021). ¿Obra del azar, como lo podría ser un terremoto?

Lo cierto es que, a partir de 1989 y en el tránsito de las dos generaciones que tienen como punto de destino el año 2019, ha ocurrido una verdadera ruptura epistemológica. Metafóricamente explicada le pone fin o término o compromete severamente a la realidad del poder político sobre los espacios jurisdiccionales de los Estados y de la misma comunidad internacional de los Estados.

Una y otra de las revoluciones que han propulsado ese fenómeno de «anaciclosis política» y normativa, las referidas 3ª y 4ª revolución industriales, rompen la relación del tiempo con el espacio territorial, e intentan hacer del cosmos y sus cosmovisiones, ahora, tiempos sin espacios, virtuales, además de sujetos a lo vertiginoso o momentáneo, provocando esa suerte de deconstructivismo social y económico que trastorna la idea de lo cultural nacional y de la plaza pública. Y como consecuencia, la de la inefectividad de la dimensión sociológica alrededor de la que se construyera el Derecho moderno, sobre todo el Derecho internacional o de gentes.

Imaginar otras categorías constitucionales, en lo global y lo doméstico que sean interpretativas de estas cuestiones inéditas y concretas, dentro de sus hipotecas virtuales o imposibles de ser asidas o captadas sensorialmente como el Covid-19, es un desafío descomunal y de presente. Nos interpela a los juristas y a quienes han decidido formarse en las áreas del Derecho internacional o transnacional o de la comunidad internacional, tal y como lo ha venido planteando con su indiscutible autoridad, en las décadas precedentes, Luigi Ferrajoli, filósofo florentino del Derecho (Principia Iuris: Teoría del derecho y de la democracia, Madrid, Editorial Trotta, 2011, 3 vols.).

¿Cuánto de lo dado y lo enseñado hasta hoy por quienes somos profesores de Derecho internacional quedará en pie? No lo sabemos. Sí sabemos que la historia solapa sus tiempos y no los corta en seco como la vida humana y natural. Mas resulta obligante considerar lo evidente, al objeto de que el Derecho internacional y su estudio no queden como oficio propio de antropólogos mientras se impone desde afuera la dinámica de unas fuerzas inéditas e innovadoras, capaces de repartir potencia e imponer cánones a sus recipiendarios dentro de las autopistas de la globalización, más allá de sus adscripciones ciudadanas o locales.

El debate que suscitan recién las citadas plataformas digitales una vez como se le suspenden sus cuentas al último presidente norteamericano, Donald Trump, cabeza de una de las potencias mundiales, aislándosele y silenciándosele sin que pudiese resistir, es indicativo de todo lo anterior y su agonal carácter. La reacción del secretario de la ONU, advirtiendo tardíamente sobre la necesidad de una regulación de las redes digitales a nivel internacional, prueba que el mundo jurídico ha quedado a la zaga, como la referida ONU lo estuvo desde los inicios del Covid-19.

Recién el Parlamento Europeo, a partir de 2017, comienza a trazar o delinear principios y normas susceptibles de abordar y regular, para su momento, la responsabilidad objetiva o por culpa de los robots, tanto como en 2021 la plataforma Twitter ha anunciado el nacimiento de otra capaz de resolver, con neutralidad, sobre el retiro o no de los internautas que puedan volverse amenazas para el orden naciente.

Son muchos, por lo visto, los signos característicos y propulsores de un tiempo nuevo o Era distinta, desbordante de una mera crisis «epocal» y de suyo precursor de otra civilización en emergencia. Sus líneas se anuncian, pero no somos capaces de discernirlas todavía con exactitud, en sus determinaciones.

Algunos afirman que se trata de un claro movimiento de repliegue y declinación histórica del poder de los Estados soberanos, que nos devuelve a la antesala de la modernidad o que nos sitúa desde ya en la posmodernidad. En otras palabras, estaríamos recreando, por una parte, el tiempo medieval junto a sus testimonios de localismo, de fragmentación y de dispersión social y cultural, y volverían por sus fueros los miedos que hicieron posible sea la entronización del dogmatismo religioso, sea la ausencia de un orden común laico, asegurado mediante fórmulas civiles y colectivas, como lo observa Jean Dolumeau (El miedo en Occidente, siglos XIV-XVIII: Una ciudad sitiada, Madrid, Taurus, 2012). Tanto como, sobre esa suerte de neomedioevo, que antes justifica la emergencia del Leviatán hobbesiano, esta vez dicho artificio vendría a ser sustituido por el Deus ex Machina, globalista y, paradójicamente, de estirpe grecorromana.

Otros hablan, antes bien, de la sustitución del viejo régimen mundial de los Estados por uno distinto que se levantaría y predicaría ese choque o cruce de civilizaciones del que nos habla Samuel P. Hungtington (1993) e intentan resolver las Naciones Unidas con el Dialogo de Civilizaciones (2001), que luego vino a matizar la Alianza de Civilizaciones propuesta por España apoyada por Turquía para frenar el avance militar de Occidente sobre el terrorismo islámico (2004). En el mejor de los casos, sin que signifique el agotamiento total del sistema de los Estados, sólo se estaría abogando por reducir la portada de éstos para que sólo sirvan de instrumentos políticos de mediación entre el hombre y la Humanidad totalizante, bajo la primacía del multilateralismo: ¿Nuevo escenario, el señalado, que supuesta o finalmente reivindicaría ante el hecho político e institucional la dignidad preeminente de los grupos humanos y sus derechos, proveyéndose a la defensa de un Patrimonio Común?

¿Se trata de una vuelta paulatina al Ius Gentium o Derecho de la razón común, que no se impone, sino que es, en línea con el criterio de Max Weber? Lo constante, sin embargo, es que de los fundamentos intelectuales de la civilización judeocristiana y grecolatina, fuentes mediatas del Derecho internacional y base de su expansión mundial hasta el presente, parecen avergonzar a las generaciones digitales o a sus usuarios, los que cultivan el radicalismo individual o las mónadas sociales emergente y autónomas, comenzando por las generaciones europeas y norteamericanas, causahabientes de las nociones de libertad, democracia y Estado de Derecho. Sin dejar de advertir y aceptando la pertinencia del debate al respecto, lo que el propio Joseph Ratzinger señala preocupado ante la disolución de los sólidos de la cultura que son fundamento del Derecho: "Antes había surgido la cuestión de si hay que considerar la religión como una fuerza moral positiva; ahora debe surgir la duda sobre la fiabilidad de la razón. Al fin y al cabo, la bomba atómica es un producto de la razón; al fin y al cabo, también la producción y selección de hombres han sido creadas por la razón. En ese caso, ¿no habría que poner a la razón bajo observación?" ("Lo que cohesiona al mundo. Los fundamentos morales y prepolíticos del Estado liberal", en J.Habermas y J. Ratzinger, Entre razón y religión, dialéctica de la secularización, México, FCE, 2008)

M.Lascombe (Le droi international public, Dalloz, Paris, 1996) sugería a destiempo y sin prevenir sobre lo corriente, con lente muy próximo y hasta miope, que con la dislocación del bloque comunista y el regreso hacia la concepción occidental del Derecho por parte de los países de la Europa del Este, se estaría favoreciendo el renacimiento de una sociedad internacional planetaria en el que "un solo tipo de relaciones internacionales (el tipo occidental, como en el tiempo clásico) estaría encontrando su posición dominante sin que pueda encontrar contradicción como hasta ahora, en el mundo en desarrollo". La verdadera oposición a dicho tipo, según se dice, podría surgir en los países islámicos más extremistas, pues la misma aproximación entre Israel y Palestina cabría entenderla como una brecha favorable a las tesis occidentales. Pero es sólo una hipótesis.

De modo que, sin mengua de las perspectivas anteriores, puede estar ocurriendo el tránsito desde la dimensión utópica del Derecho internacional, construido sobre unas ficciones – la personalidad moral o abstracta de los Estados y su encuentro o cruce con otra ficción, la de las organizaciones internacionales – hacia su dimensión real y propiamente social como "sociedad de individuos" o a lo mejor de "ciudades" o patrias de campanario tal y como las describe Miguel de Unamuno (La dignidad humana, Madrid, Espasa-Calpe, 1967). Son la oposición a la artificiosa patria de bandera y en una línea argumental próxima a los predicados de G. Scelle ("Règles générales de Droit de la paix", Recueil des Cours de l'Académie de Droit International, 1933-IV, n°46, pp. 342-343): "Abandonemos definitivamente la idea de que la sociedad internacional es una sociedad de Estados. Es una vía falsa, una abstracción antropomórfica, históricamente responsable del carácter ficticio y de la parálisis de la ciencia tradicional del Derecho de gentes". ¿Otra utopía?

La lista de las utopías jurídicas y políticas es exhaustiva en el mundo occidental, como lo señala Agnès Lebjowicz (Philosophie du droit international: L'impossible capture de l'humanité, Paris, PUF, 2018): comenzando con la idea de la recuperación de la Tierra Santa, esbozada en 1305-1307 por Pierre Dubois, para seguir con Marcilio de Padua y su Defensor de la paz (1324); atravesando por Francisco Suárez sobre la ley legislada por Dios (1612) o por el proyecto de paz perpetua del Abad de Saint Pierre (1713-

1717); o concluyendo con Bentham y sus principios de Derecho internacional (1786-1789) y también el Abad Gregorio con su proyecto de declaración sobre el Derecho de gentes (1793).

Lo cierto, sin embargo, es que en el presente podemos apreciar una suerte de sintomatología que probablemente indique la posibilidad – es una entre otras – de una evolución marcada por otra gran ruptura hacia el «sistema de la Humanidad» dibujado por E. Kant (Conjectures sur le commencement de l'histoire humaine, 1786) y esbozado igualmente por A. Comte (1798-1857) como "sistema universal de las concepciones propias al estado normal de la Humanidad" (del autor, Síntesis subjetiva, apud. Juan Enrique Lagarrigue, La relijión – sic – de la Humanidad, Santiago, 1884). Probablemente sea la perspectiva que, al final, le podría dar consistencia al hasta ahora llamado Derecho internacional, abandonando sus arrestos de primitivismo y cuyos signos recientes pueden resumirse así:

- v El desdibujamiento de las fronteras políticas, nacionales y culturales por obra misma de la mundialización de las comunicaciones, junto a su efecto reductor del espacio físico y las abstracciones jurídicas que han separado a los seres humanos; en otras palabras, estaríamos asistiendo a la transformación del mundo en una auténtica humanae civitas: la llamada "aldea global".

- v La consiguiente fragilidad de la añeja idea de la soberanía - "después de Dios, nada hay de mayor sobre la tierra que los príncipes soberanos: ... quien(es) no puede(n) hacer de un súbdito su igual sin que su poder desaparezca..."; que luego dio fundamento y razón de ser a los Estados, sirvió de soporte a la predicada igualdad política entre éstos: par in parem non habet imperium, y sujetó la movilidad e identidad de los individuos declarándoles parte no escindible del mismo Estado y capaces sólo en la medida que éste se los permitiese.

- v Finalmente, la ruptura de los lazos de articulación e integración social hasta ahora conocidos por el hombre y expresados "hegelianamente" en el propio Estado y en sus instituciones: Hombre, pues, moralmente huérfano en lo adelante y, eso sí, sobreabundante o desbordado por la información de masas.

No huelga observar, en esta línea de pensamiento, que la precedente y milenaria civilización de la materia y la transformación de ésta por obra de la acción manual o técnica del hombre para su uso tanto social como económico, hace lugar, cuando menos en Occidente, a las filiaciones culturales e ideológicas que luego determinan o explican el poder interno e internacional de los Estados y sus ejercicios hasta reciente fecha. La validez de sus postulados y las formas que fue capaz de recrear ya no encuentran cómodo asidero en la predicada Edad de la Inteligencia Artificial o de la globalización digital que ahora y en lo adelante, de un modo fatal, nos acompaña. Esta vez se privilegia el tiempo y a su instantaneidad, y a la información en tiempo real, lo hemos subrayado. Los espacios geopolíticos se devalúan, salvo cuando ellos se tornan en deidad intocable como ecosistema, bajo el culto renacido a la Pacha Mama, de factura neo marxista, fundado en la idea del «Buen vivir» (Vid. Gian Carlo Delgado, Buena vida, buen vivir: Imaginarios alternativos para el bien común de la humanidad, México, UNAM, 2014).

No por azar la Asamblea General de la ONU, al conmemorar en 1995 el cincuentenario del nacimiento de la organización y luego de advertir en el Preámbulo de su Resolución 50/6 que "la rapidez y la amplitud de las transformaciones del mundo contemporáneo hacen prever un futuro sumamente complejo y sembrado de dificultades", tuvo a bien recordar lo que habrá de ser su determinación histórica o el desafío práctico y moral de nuestro tiempo: "Reorientar a la Organización a fin de que preste mayores servicios a la Humanidad". Sensiblemente, la frustración de sus propósitos se ha hecho constar, sobre la realidad desgarradora y ejemplarizante de la pandemia, en la Declaración sobre el 75° Aniversario adoptada por los Jefes de Estado y de Gobierno de sus países miembros.

El sentido de esta enmienda, ciertamente crucial y oportuna, no queda diluido en el texto de la señalada resolución puesto que en sus cuatro grandes títulos se fija como guía teleológica y teórica a la "razón humana" y no a la clásica "razón de Estado". Así, se habla de la paz, fundada en la idea del desarrollo económico y social de los pueblos; el desarrollo económico, social y ambiental, como entorno unitario indispensable para el bienestar de la Humanidad y la estabilidad internacionales; el valor universal de la persona humana y su igualdad de derechos, más allá de las particularidades nacionales o de los patrimonios históricos, culturales o religiosos; la sujeción de los Estados y de sus relaciones a los principios de respeto al Estado de Derecho, de solución pacífica de las controversias, de primacía ordenadora del Derecho internacional humanitario, y de protección del derecho al desarrollo y de los derechos humanos y de las libertades fundamentales.

Un lustro antes, el 2015, la ONU adopta como su documento rector para el porvenir, renovado por la anterior declaración, Transformar nuestro mundo: la Agenda 2030 para el Desarrollo Sostenible en la que "reconoce la necesidad de construir sociedades pacíficas, justas e inclusivas que proporcionen igualdad de acceso a la justicia y se basen en el respeto de los derechos humanos (incluido el derecho al desarrollo), en un estado de derecho efectivo y una buena gobernanza a todos los niveles, y en instituciones transparentes y eficaces que rindan cuentas". No obstante, si bien se invoca a la democracia para situarla junto a la buena gobernanza y el Estado de derecho como "elementos esenciales del desarrollo sostenible", tales extremos quedan situados en segundo plano y sin desarrollo concreto. En sus Objetivos 4 y 16 precisa el documento como compromisos, a todo evento:

(a) asegurar que los alumnos adquieran conocimientos teóricos y prácticos mediante "la educación para el desarrollo sostenible y los estilos de vida sostenibles, los derechos humanos, la igualdad de género, la promoción de una cultura de paz y no violencia, la ciudadanía mundial y la valoración de la diversidad cultural y la contribución de la cultura al desarrollo sostenible", y

(b) "promover el estado de derecho en los planos nacional e internacional y garantizar la igualdad de acceso a la justicia para todos".

Sea por exceso, sea por defecto, en suma, la persona humana vuelve a ser centro y referencia del orden global: tanto como lo fue para el espíritu y la filosofía renacentistas cuando "se rebaja el cielo hasta la tierra. El hombre es – o vuelve a ser al igual que en la Ilustración - «Dios en la tierra»", lo dice J. Hirschberger (Breve historia de la filosofía, Barcelona, Herder, 2012). De modo que, el hombre con su fardo de derechos: sus derechos humanos, hoy guía y condiciona, incluso pecando de inflacionario y arriesgando la esencia misma de las prerrogativas inherentes a su dignidad, la totalidad del discurso acerca del poder y del Derecho y en cuanto a las relaciones que se dan entre todos los actores y sujetos del drama mundial contemporáneo.

También es manifiesto que la misma se diluye, como persona humana, sea en los intersticios de las plataformas digitales y en calidad de usuario-dígito, sea en su adscripción a las mónadas sociales que por naturaleza excluyen a los diferentes; tanto como se hace evidente que en la medida en que sus derechos fundamentales se hacen exponenciales, no progresivos, esos mismos derechos ven relajada su esencia y las posibilidades de su efectiva tutela (Vid. A. Aguiar, Calidad de la democracia y expansión de los derechos humanos, Miami, MDC/EJV, 2018).

Lo cierto, como lo apunta Luigi Ferrajoli, es que vivimos una época de transición caracterizada por procesos de globalización e integración mundial novedosos y también de agregación en grandes espacios regionales en orden a los temas mundiales de relevancia actual, y a la par, por procesos de desagregación que buscan afirmarse en reivindicaciones localistas o comunitarias que predican el absolutismo de sus autonomías políticas; pero todos a uno recelan del actual Derecho internacional y de la eficacia de los métodos de las relaciones exteriores e internacionales conocidos.

Todos a uno se encuentran a la espera de nuevas categorías constitucionales que hoy se ensayan, sin estabilidad, entre quienes persiguen la ordenación de un "gobierno mundial" como instrumento de la paz, y quienes, temerosos de lo anterior se presentan, incluso manipulando los estándares y virtudes de la misma paz y la libertad, como fuerzas democráticas opuestas a la renovación del imperialismo, pero que incluso ahora recelan del mismo ordenamiento internacional aún vigente y en su conjunto, "subestimando su insustituible valor estratégico como sistema de garantías" de éstas, del Estado de Derecho, de la democracia, y de los derechos humanos a nivel universal.

Es inevitable, dada la fractura histórica que implica el fenómeno de la mundialización en curso, que la enseñanza y el aprendizaje del Derecho internacional – como conjunto de principios y reglas que rigen las relaciones entre los Estados y otros sujetos internacionales, incluso el individuo – y de las relaciones internacionales – como estudio sistemático del comportamiento de los actores políticos internacionales y de los principales problemas de la realidad contemporánea, como de la inserción de esos mismos actores en el plano internacional para el logro de consensos – aún se encuentren rezagados, atados al conocimiento del orden en vigor a partir de 1945.

La urgencia de debates académicos y ensayos descriptivos-prescriptivos que apoyados sobre el reconocimiento de la inédita dimensión sociológica que adquiere la Humanidad emergente, declinando, si posible, en favor de la dimensión Justicia: Pro homine et libertatis, incluso a tientas, de manera experimental y especulativa acerca del Derecho y la gobernanza global, está golpeando a nuestras puertas. Ha de asumirse libre de ataduras dogmáticas, recibirla animados por un espíritu crítico fundado en una clara visión antropológica como eje y premisa para la valoración de todo lo demás, a saber, desde la persona humana y su carácter perfectible, a fin de hacer trazados reconstructivos de los órdenes necesarios y sus garantías esperadas. Huelgan, al respecto, otras justificaciones.

Condado de Broward, febrero 5, 2021

EL ACTO DE AGRESIÓN A UCRANIA
Crisis deconstructiva del Derecho internacional

> "El desarrollo sin precedentes de las relaciones y de las comunicaciones internacional en los tiempos actuales, se explica igualmente por el poder extraordinario que han adquirido dentro de los Estados contemporáneos los intereses y las aspiraciones de las diversas clases de la sociedad. Ellas ven a las fronteras como obstáculos a la aproximación de los pueblos. Por otra parte, el desarrollo de las relaciones internacionales no se puede concebir sino entre naciones que se encuentran en el mismo grado de instrucción y de civilización aproximado". F. de Martens, *Traité de droit international*, I, traducción del ruso, Paris, 1883

PRELIMINAR

El «acto de agresión» de Rusia contra Ucrania, que así lo califica la Asamblea General de Naciones Unidas en su "período extraordinario de emergencia" de 1° de marzo de 2022, siguiéndose por la definición adoptada a propuesta de la antigua Unión Soviética (A/RES/3314-XXIX de 14 de diciembre de 1974), a saber, por constituir "el primer uso de la fuerza armada por un Estado en contravención de la Carta" de San Francisco y del párrafo 4 de su artículo 2, ha provocado un verdadero quiebre histórico. Es monumental. Tendrá efectos planetarios, sin lugar a duda.

Es, por una parte, el punto de cierre de una guerra anterior en curso, prorrogada y no atendida con prontitud y eficacia. Sumaron 13.000 los muertos y fueron 30.000 los heridos en 2015, cuando se reúne por segunda vez el llamado Cuarteto de Normandía que busca resolver sobre el conflicto bélico en el Este de Ucrania. La comunidad internacional se ha revelado incapaz de conjurarlo. Es la "agresión a Ucrania", además y por la otra, la culminación de un largo proceso de transformación integral del orden jurídico y político internacional iniciado en 1989, hace tres décadas. China y Rusia ya han puesto sus cartas sobre la mesa desde el 4 de febrero pasado. Se abre, quiérase o no, una "Era nueva" en las relaciones internacionales, tal y como lo sostienen desde sus perspectivas las mencionadas potencias en su Declaración Conjunta de Beijing.

Más allá de abordar los incidentes de la conflagración en curso, los Jefes de Estado y Gobierno suscriptores de la Declaración de Versalles de 10 y 11 de marzo de 2022 y la Declaración de la OTAN de 24 de marzo no son extraños a este quiebre llamado «epocal». En Ucrania se defienden "nuestros valores compartidos de libertad y democracia", reza la primera, en tanto que la segunda acepta que "la guerra no provocada de Rusia … representa un desafío fundamental a los valores y normas que han llevado seguridad y prosperidad a todos en el continente europeo".

La guerra contra Ucrania, sobre todo, es el desencadenante de una cuestión más de fondo, geopolítica e identitaria a la vez, en un siglo que como el actual se da en prohijar deconstrucciones ciudadanas y territoriales tras las que sólo restan proximidades culturales, allí donde las naciones conservan a sus culturas. "Moscú considera a Ucrania parte de su identidad y de su espacio de influencia y cuyo control juzga vital para su seguridad", comenta Guillermo Pereira, editor de audiencias de El Cronista (23 de marzo de 2022).

Ese "infierno en la tierra", como este lo describe deja costos irreparables que jamás olvidarán sus víctimas, ni siquiera una vez como cese la conflagración en curso, en la que intenta mediar el antiguo imperio otomano, la Sublime Puerta. Dicen también hacerlo los chinos, simulando ser extraños a lo que ocurre.

Entre tanto, inmersos en trivialidades y pugnas estimuladas deliberadamente por el progresismo globalista y los discípulos de Antonio Gramsci y Theodor Adorno (Darío Enrique Cortés C., "Neomarxismo y revolución cultural", Utopía y praxis latinoamericana, Año 24, número Extra 3, 2019), los americanos y europeos llegamos a la escena ucraniana habiendo dilapidado la larga transición que inaugura la caída de la Cortina de Hierro y cierra el COVID-19; muy propicia esta para la renovación de un orden internacional en mora, el de 1945, sustentado sobre la experiencia del Holocausto.

Presenciamos esta vez, debilitados en las raíces, un bautismo de sangre del orden global que emerge a partir de la medieval Rus de Kiev, madre de los rusos y teatro de los desencuentros. Despertamos, sorprendidos, ante un drama que casi dura una década y nos sorprende en su giro, al formalizar Rusia una vieja guerra como guerra convencional en plena Era digital, resucitando en el imaginario – acaso deliberadamente y para despertar en la conciencia colectiva apegada a la filmografía hollywoodense – los fantasmas del siglo XX. Es, como lo creo, lo que concita la atención mundial y la saca de su Metaverso.

La declinación de nuestras raíces judeocristianas y grecolatinas, la banalización de nuestras concepciones políticas y sobre la democracia al punto de inventarnos la categoría de lo iliberal, como el hábito corriente de destruir estatuas, quemar de iglesias, forjar identidades al detal y avergonzarnos de nuestra memoria, sin embargo, no nos permite mirar más allá y apreciar el hecho ucraniano en sus reales dimensiones. Nos encontramos en la hora del Dios Jano.

Ucrania, hasta ayer, la veíamos como ese patio trasero, puente con el Oriente, que acaso sólo sirve para desandar los enconos partidarios de Donald Trump y Joe Biden. Uno, por tener intereses dinerarios con el depuesto presidente ucraniano Víktor Yanukóvich, socio de Putin, el otro por presionar al sucesor, Volodímir Zelenski, para que le ofrezca pruebas de lo anterior. Pero el poder nuclear – quince reactores – es la verdadera manzana de la discordia que mueve al régimen ruso de Vladimir Putin, arguyendo a su favor el peso de la historia de su nación y la unidad de su cultura.

El Parlamento Europeo ya había condenado en 2014 – no ahora en el fragor de la guerra – "la violación por parte de Rusia de la soberanía e integridad territorial de Ucrania y pide a Rusia que ponga fin con carácter inmediato a todo tipo de violencia". La Asamblea de la ONU, que hoy condena el «acto de agresión» ruso, ante similar hipótesis y con lenguaje sibilino insta en 2020 (Resolución A/RES/75/29 del 7 de diciembre de 2020), sin resultados, "a la Federación de Rusia, en su calidad de Potencia ocupante, a que retire sus fuerzas militares de Crimea… y ponga fin sin demora a su ocupación temporal del territorio de Ucrania".

Visto lo anterior, la condena por la ONU de "la declaración hecha por la Federación Rusa el 24 de febrero de 2022 de una «operación militar especial» en Ucrania" y el exigir que "la Federación de Rusia ponga fin de inmediato al uso de la fuerza", votada afirmativamente por 141 Estados parte sobre 5 votos en contra – Rusia, Bielorrusia, Siria, Corea del Norte y Eritrea – mediando 35 abstenciones, en modo alguno significa, téngaselo presente, que el orden mundial nacido tras la Segunda Gran Guerra esté resucitando, ahora sí, sobre bases más sólidas. No nos engañemos.

La misma Declaración de Versalles mencionada no es ajena a la sustancia de la cuestión: "La guerra de agresión rusa constituye un vuelco descomunal en la historia europea", afirma. Y admite que el desafío presente es estar a la altura "en esta nueva realidad, protegiendo a nuestros ciudadanos, nuestros valores, nuestras democracias y el modelo europeo". Salvo USA, los americanos del norte, centro y sur, de conjunto y como parte de Occidente, ante la realidad de la guerra declarada por Rusia contra Ucrania aún permanecemos a la zaga y sin narrativa propia. Ello también cabe observarlo, pues los efectos de la guerra y el advenimiento probable de un orden nuevo, que estimamos de cosas distantes, los cargaremos a cuestas todos cuando menos durante dos generaciones, hasta el 2049.

En los días previos a la agresión a Ucrania, desde Beijing le han dicho al mundo Putin y Xi-jinping sobre sus reglas para la gobernanza global y sobre el valor particular que le asignan a la libertad. A buen seguro que las harán presentes durante los esfuerzos de negociación de la paz que se adelantan, mientras el primero buscará afianzar su estatus quo sobre Crimea y Sebastopol. Perdiendo la guerra, la puede ganar. El mundo sino-ruso nos mira con desprecio a los occidentales, convencidos de que hemos renunciado a los valores de nuestra milenaria civilización luego del esfuerzo de disolución que de nuestras culturas ellos mismos han propiciado a partir de 1989; por lo que nos espetan, ensoberbecidos, que unidos al Oriente de las luces y por conservar este "un rico patrimonio cultural e histórico" y "tradiciones democráticas … que se basan en miles de años de experiencia", son los llamados a sustituirnos, al Occidente de las leyes, para darle estabilidad definitiva a la gobernanza global.

I.   LA DECONSTRUCCIÓN DEL ORDEN JURÍDICO INTERNACIONAL

En la más reciente edición de mi Código de Derecho Internacional (UCAB/Editorial Jurídica Venezolana, 2021) abordo este contexto distinto que hace presa actual de las relaciones internacionales a propósito de la globalización en curso, tras la disolución de la Unión Soviética, el ingreso de la Humanidad a la tercera y cuarta revoluciones industriales, la digital y la de la inteligencia artificial, y ahora a la guerra geopolítica planteada por Rusia con su invasión a Ucrania.

Como referencia al margen y para muestra de la ineficacia sobrevenida del orden internacional en vigor a partir de 1945, al punto que los sucesos que sobre la cuestión ucraniana se acumulan desde 2013 y lo trasvasan – obra de su señalada deconstrucción: "Lo stato é ormai troppo grande per le cose piccole e troppo piccolo per le cose grandi (Luigi Ferrajoli, La sovranitá nel mondo moderno, Milano, 1995) – pondérese el "daño transfronterizo resultante de actividades peligrosas" como las desarrolladas en un laboratorio de Wuhan. Su información la ha proscrito China: "la ciencia no tiene fronteras, pero los científicos tienen una patria", afirma Xi-Jinping (Los Angeles Times, Junio 28, 2021). Ha dejado el gravoso saldo de 6.094.320 muertos, siendo mayor para Occidente con 4.576.863 de víctimas fatales, cuyo un único paralelo lo es cuantitativamente la Shoah, la llamada «solución final» bajo el régimen nazi.

Pues bien, a la hora y antes del aldabonazo de la guerra en curso, en la antesala de Occidente, como expresión de ese proceso de relativización cultural que invade al mundo de lo jurídico y político ningún Estado parte de la ONU se ha atrevido a reclamar o reivindicar la autoridad del Derecho internacional sobre la cuestión de la pandemia universal. Ninguno ha exigido se le provea a la Humanidad de un resarcimiento justo e integral por el riesgo objetivo que la ha dañado de un modo irreparable.

Se trata entonces – a partir de lo señalado por el encuentro reciente de Versalles: "Rusia trajo de vuelta la guerra a Europa" – de sopesar y de verificar en la circunstancia ex novo del desenlace de la guerra de aquella contra Ucrania, si en el oeste del mundo, usando la metáfora del bosque, además de cambiar este y como todo árbol a sus hojas según los tiempos, asimismo ha decidido secar sus raíces.

En el instante dilemático en el que toma cuerpo la conflagración en los predios orientales de Europa y en la que se ha involucrado, inevitablemente, así sea de un modo indirecto, el mundo occidental, media lo dilemático y esencial: No se equivocaba Huntington al advertir sobre el «choque de civilizaciones» (Samuel Phillips Huntington, «The Clash of Civilizations?», Foreign Affairs,vol. 72, no. 3, 1993). No se trata, pues, de meros juegos bastardos y de orden geopolítico los que hayan dado origen y estén comprometidos con la agresión a Ucrania; más allá de que la chispa la haya encendido otro feligrés del «mal absoluto», diría Hanna Arendt: "Sabe que la política moderna gira en torno a una cuestión que, hablando estrictamente, nunca debería entrar en la política, la cuestión del todo o nada: del todo, que es una sociedad humana dotada de posibilidades infinitas, o de la nada exactamente, es decir, el fin de la Humanidad" (Fina Birulés, comp., Hanna Arendt, El orgullo de pensar, Barcelona, Gedisa, 2006). Lo ha dicho Vladimir Putin: "Para nuestro país esto es, en última instancia, una cuestión de vida o muerte, una cuestión de nuestro futuro histórico como pueblo. Y esto no es una exageración, es cierto", declara al momento de anunciarle al mundo y los rusos de su acto de agresión, que llama "operación militar especial" o ¿Responsabilidad de Proteger (R2P)?

Conocer esto y auscultarlo a fondo no es baladí. De ello dependerá, al término y como se espera, que Vladimir Putin sea derrotado en su «guerra convencional» pero de una manera cabal; pues perdiendo la guerra que ha emprendido, su narrativa, la que concertara con China "sobre las relaciones internacionales que entran en una Nueva Era", puede ganar la guerra. La razón de poder volverá por sus fueros y quedará derogada para lo sucesivo la «razón de humanidad».

El Manifiesto Conjunto de Beijing del pasado 4 de febrero no escatima en párrafos al respecto. Sólo esperaban sus autores de un terreno abonado para fijar sus premisas ¿a través de las negociaciones sobre la paz en Ucrania?: "A medida que continúa la pandemia de la nueva infección por coronavirus, la situación de seguridad internacional y regional se complica y el número de desafíos y amenazas mundiales crece día a día… Rusia y China se oponen a los intentos de fuerzas externas de socavar la seguridad y estabilidad en sus regiones adyacentes comunes, y tienen la intención de contrarrestar la interferencia… en los asuntos internos de los países soberanos bajo cualquier pretexto…", dice lo declarado por estas antes del estallido formal de la guerra.

La crucial y severa reflexión que hiciese desde el parlamento alemán Josep Ratzinger, Papa emérito, en 2011, a dos años de que los rusos invadiesen a Crimea y Sebastopol y acaso avizorando su final desenlace como la contumacia rusa ante Naciones Unidas, ahora se actualiza (Benedicto XVI, Habla sobre vida humana y ecología / Pablo Blanco y Emilio García Sánchez, editores, Madrid, Palabra, 2013, pp. 42 ss.):

"Quita el derecho y, entonces, ¿qué distingue el Estado de una gran banda de bandidos?, dijo en cierta ocasión San Agustín. Nosotros, los alemanes, sabemos por experiencia que estas palabras no son una mera quimera. Hemos experimentado cómo el poder se separó del derecho, se enfrentó a él; cómo se pisoteó el derecho, de manera que el Estado se convirtió en el instrumento para la destrucción del derecho; se transformó en una cuadrilla de bandidos muy bien organizada, que podía amenazar el mundo entero y llevarlo hasta el borde del abismo".

De seguidas, trajo a colación su enseñanza:

"Servir al derecho y combatir el dominio de la injusticia es y sigue siendo el deber fundamental del político. En un momento histórico, en el cual el hombre ha adquirido un poder hasta ahora inimaginable, este deber se convierte en algo particularmente urgente. El hombre tiene la capacidad de destruir el mundo. Se puede manipular a sí mismo. Puede, por decirlo así, hacer seres humanos y privar de su humanidad a otros seres humanos. ¿Cómo podemos reconocer lo que es justo? ¿Cómo podemos distinguir entre el bien y el mal, entre el derecho verdadero y el derecho sólo aparente?", se preguntaba Ratzinger, casi que interpelando al hoy y de cara al flagelo de esta primera e inédita «guerra convencional» de carácter global por sus efectos, fantasma del pasado, ajena a la violencia «híbrida» que ha estado caracterizando a las violaciones generalizadas de derechos humanos en el siglo XXI.

Digo, pues, en mi libro señalado, siguiendo a Martii Koskenniemi, (Il mite civilizzatore delle nazioni. Ascesa e caduta del diritto internazionale 1870-1960, Bari, Editori Laterza, 2012), que "la visión de la esfera internacional como espacio social único está siendo suplantada por una comprensión del mundo fragmentada, o caleidoscópica, que crea nuevas configuraciones espaciales y temporales donde lo particular y lo universal resultan completamente confusos", como lo es el principio ordenador de la inviolabilidad de la dignidad de la persona humana.

Es este, sin lugar a duda, el desafío que se le planteará a la comunidad internacional o el terreno en el que habrá de trillar, de modo especial Occidente, al momento en que haya de resolver sobre esta inédita guerra convencional auspiciada por dos potencias cuyo único propósito es, como lo han dicho en su Manifiesto, "defender los resultados de la Segunda Guerra Mundial y el orden mundial existente de la postguerra": el geopolítico estrictamente. No por azar, vuelven sobre el rescate chino de Taiwán, "parte inalienable" de su nación y el control por la Federación de Rusia sobre los espacios que tuvo bajo la Unión de Repúblicas Socialistas Soviéticas (URSS), como el ucraniano. Lo que consideran justificado sus respectivos gobernantes, por lo demás, dado que, según ellos, "ha surgido – en virtud de la transformación de la arquitectura de la gobernanza global – una tendencia hacia la redistribución del poder en el mundo". Y se han adelantado, crudamente.

II. INSUFICIENCIAS DE LA DOCTRINA TRADICIONAL PARA LA INTEGRACIÓN DE LO NUEVO

Hasta el presente, en vano se ha creído que el fin de la bipolaridad internacional y el agotamiento del comunismo afirmarían los principios del Estado liberal de Derecho, decantado por siglos y como expresión fidedigna de la cultura judeocristiana y grecolatina. Antes bien, han ocurrido mutaciones nominales y hasta un secuestro recíproco de consignas entre las viejas banderías de la bipolaridad – la diarquía del siglo XX – y se perturban, a propósito, los contenidos del vocabulario político y jurídico para impedir la movilidad en el «mercado de las ideas», cuando menos en Occidente. Destaca, eso sí, el coetáneo desmoronamiento por ineficacia sobrevenida de las instituciones domésticas e internacionales de mediación entre las tribus y el mundo o la Humanidad conocidas, a fin de prevenir o atenuar los hechos de violencia y con ello salvaguardar el principio de orden público internacional pro homine et libertatis.

Son visibles la lucha abierta en la escena mundial entre poderes dispersos y una resurrección de la lógica «schmittiana»: "la política como irreductible oposición amigo/enemigo". Ayer la era entre los grandes espacios vitales (Grossraum), hoy superada sin que desaparezca la territorialidad pero como base de identidades culturales y para la definición de otras áreas de poder sustitutivas del artificio jurisdiccional de los Estados. Ocurre así otra oposición o antagonismo en plena efervescencia dentro del propio Occidente: entre «nomos» o piezas dispersas o subdivisiones de lo humano que encuentran sus espacios en el imaginario o en la virtualidad –no más en el Estado o en el sentido de la ciudadanía – signados por un fraude de lo antropológico: anclados en la idea de la diferencia y/o la exclusión por razones identitarias étnicas, raciales, religiosas, de género, generacionales, urbanas, culturales, etc. De modo que, mientras la sociedad de los occidentales lucha por las separaciones, desde el Oriente se va a la guerra para sostener las tradiciones y la unidad de sus espacios.

La cuestión, a todas estas, es discernir sobre como ajustar la óptica acerca de la actuación que habrá de corresponder a los artesanos de la Era

Nueva que se predica desde Oriente, o del Orden Global que auspicia el progresismo de Occidente durante los últimos treinta años.

Cabe, pues, con vistas al factible tiempo nuevo que nos espera a todos y a la luz de sus realidades temporales inéditas, evitar, a manera de ejemplo, lo que fuera característico del pensamiento de los mayores exponentes alemanes del Derecho internacional hasta mediados del siglo XIX, como Georg Friedrich de Martens (1756-1821) – profesor a Gotinga, distinto del célebre diplomático ruso-báltico Fedor Friedrich Martens, 1845-1909 – y Johan Ludwig Klüber (1762-1837). Para ellos el Derecho internacional es racional y estático, extraño a las concepciones de la sociedad y la cultura, y único reflejo del activismo diplomático oficial: "Le correspondía extraer apenas las reglas generales luego de observar las relaciones entre los Estados [europeos] para mejor asistir las acciones de una culta diplomacia". La dimensión normativa habría de reducirse, así, a una tarea técnica de descripción de los repartos de poder que efectivamente se impongan a nivel internacional.

De ser así, a los negociadores de la paz entre Rusia y Ucrania, que la es entre China y Rusia versus Europa occidental y Estados Unidos, por lo pronto, apenas les cabrá resolver racionalmente sin que priven concepciones culturales o ideológicas; con lo cual, al término, se perderían los fundamentos teleológicos del orden mundial hasta ayer vigente, de preferente corte axiológico.

Para quienes los suceden en el tiempo, en especial Hans Kelsen (1881-1973), que funda la Escuela de Viena junto a Alfred Verdross (1890-1960) y Joseph Laurenz Kunz (1890-1970), empeñado el primero en limpiar al Derecho y al Derecho internacional de sus impurezas y/o desviaciones políticas, optan por afirmar una teoría pura que reduce lo jurídico a mera técnica normativa-sancionatoria. Se trataría de una dimensión que se encierra dentro de sí, por lo que algunos califican a esa técnica, al igual que a la perspectiva precedente, como hipocresías que llegan a su final con las grandes guerras del siglo XX hasta que aparece, previo un intersticio renacentista del Derecho natural producto del Holocausto y como fundamento del Derecho internacional posbélico, el posmoderno "militantismo jurídico".

La separación del Derecho de todo elemento valorativo, a saber, de su relación con la idea de la Justicia, hizo posible el «mal absoluto». Pero, quienes se adscriben a la tendencia militante hacen de la doctrina ius internacionalista un verdadero "instrumento de acción política". De ser así, con vistas a lo actual, si el Oriente hace cesar la guerra creyendo Occidente haberla ganado y evitado así nuevas víctimas arguyéndose razones de Humanidad, podría Oriente sostener sus codificaciones culturales para la Era Nueva, graficadas en Beijing, como lo hemos señalado.

En el campo jurídico internacional anglosajón, en orden a lo explicado, también están quienes insisten en la función ideológica del Derecho y de los valores que éste transmite. Los británicos ponen el énfasis en los vínculos entre el Derecho y las relaciones internacionales, mientras que en Estados Unidos se lo hace con las ciencias políticas. En el Tercer Mundo, entre tanto, afloran los que combinan las realidades sufrientes en curso con la ideología socialista y como un medio para confrontar al Derecho internacional clásico; mientras que, en el espectro comunista, hasta 1989 – dejando a salvo su reconversión posterior bajo el llamado socialismo del siglo XXI – se censuraba al Derecho internacional como expresión de una sociedad internacional dominada por Estados burgueses. Optaban por entenderlo y calificarlo, al término y como vía de solución, como un Derecho de mera "coexistencia pacífica". Es lo que ahora proponen rusos y chinos con su Manifiesto. Cada parte del mundo se habrá de regir bajo las reglas internacionales de quien logre aglutinarlo, es el predicado; pero llegaría a su fin el propósito de universalidad mínima o básica que hizo posible a Naciones Unidas y la Declaración Universal de Derechos Humanos.

Los autores contemporáneos que se encargaran de actualizar el célebre y voluminoso texto pedagógico francés de Nguyen Quoc Dinh (1919-1976), Droit international public (Paris, LGDJ, 2009), afirman que el autor nórdico que hace amplia exégesis de lo anterior – Koskenniemi – es integrante de la «escuela crítica» que busca desmitificar las aproximaciones tradicionales, denunciando el reduccionismo formalista y estatista del Derecho internacional; a la vez que aportando análisis sociológicos y pragmáticos con un propósito preciso: "hacer evidentes los intereses camuflados tras las reglas del derecho". Las declaraciones de Versalles y de la OTAN, como la de Beijing mencionadas, son muy ilustrativas al respecto.

Al caso, en lo personal todavía apuesto a la escuela de la formase parte el jurista argentino Juan Carlos Puig, entrañable compañero de tareas fundacionales en el Instituto de Altos Estudios de América Latina de la Universidad Simón Bolívar, entonces ganado nuestro centro para la perspectiva estructuralista dominante en América Latina con Celso Furtado, Helio Jaguaribe, Jorge Sábado, Aldo Ferrer y Osvaldo Sunkel, desde el ángulo económico y sociológico, a la cabeza. Pero que encuentra en aquél a un firme cultor del iusnaturalismo realista.

Dada su experiencia como catedrático e investigador del Derecho y de las relaciones internacionales, recalca Puig la importancia de coordinar siempre la dimensión normativa con la sociológica. Cultivador como era de la concepción tridimensional mencionada, se empeña en sortear los muros del mero formalismo jurídico. Mira la realidad dentro de la que han de alcanzar su efectividad las descripciones normativas, al objeto de que el Derecho se materialice; pero teniendo siempre por norte que al declinar de una manera «trialista» ha de resolverse siempre la primera visión bidimensional formalista-realista con base al criterio de Justicia y su regla exegética, la que mejor profundice en la libertad del hombre. Es este, exactamente, el punto nodal que destaca Papa Ratzinger en su exposición ante los alemanes y es, exactamente, lo que puede quedar comprometido en las negociaciones sobre la paz en Ucrania, por ser la misma, la inviolabilidad de la dignidad humana, la columna vertebral del sistema de Naciones Unidas.

III. EL DESAFÍO DE LA RECONSTRUCCIÓN DE UNIVERSALES, DESDE LO ANTROPOLÓGICO

La realidad actual revela que la macrocefalia institucional del sistema internacional de los Estados, correlativa a la acelerada emergencia de temas nuevos relacionados con lo que algunos denominan el "cosmopolitismo progresista": derechos humanos, protección ambiental, integración y/o migraciones vs. soberanía, solución pacífica de controversias, lucha contra la criminalidad transnacional organizada, terrorismo deslocalizado, desarrollo tecnológico digital, genoma humano, encuentra como contrapartida la pérdida por el Derecho internacional de su unidad teórica y sistemática como de su capacidad para darle coherencia al señalado rompecabezas como expresión de la política o las políticas que lo inspiran.

Ello se aprecia una vez como se revisan las mismas resoluciones de la Asamblea General de la ONU sobre Ucrania, que abordan por separado el hecho militar o la agresión, mientras otras se ocupan de abordar el tema de los derechos humanos comprometidos.

Ocurre, tal y como lo veo, una suerte de descodificación de universales – hasta el gobierno de la Iglesia Católica, numen tutelar de la civilización cristiana, acaba de cambiar su Constitución Apostólica a fin de impulsar su "descentralización" – y para avanzar hacia la particularización de lo normativo, con vistas a la miríada de sectores distintos emergentes en el marco de las relaciones internacionales en el siglo XXI: "Ha lugar a una suerte de «libanización» del mundo [occidental]…; pues las comunidades [y grupos identitarios] se convierten en fortalezas y prisiones, a un punto tal que las líneas punteadas que separan a los Estados surgen ahora al interior de cada uno de nuestros Estados", refiero en mi libro Calidad de la democracia (Calidad de la democracia y expansión de los derechos humanos, Miami, Miami Dade College/EJV, 2018). Y se los ven separados, justamente, por inspirarse cada uno y todos esos sectores en una suerte de asepsia cultural, de culto al relativismo, ajenas a las visiones antropológicas dominantes durante la modernidad (vid. de nuestra autoría, El viaje moderno llegó a su final, Miami, IDEA/EJV, 2021).

Todo esto, en la práctica, de suyo es lo que ha venido comprometiendo la legitimidad y la efectividad del Derecho internacional para su cometido fundamental: prevenir y garantizar la paz y la seguridad internacionales mediante acciones colectivas, sobre todo de aquellas que aseguran la inviolabilidad de la dignidad de la persona humana; ello, dada la ruptura de la visión antropológica consensuada en 1948 entre los miembros permanentes del Consejo de Seguridad alrededor de la Declaración Universal de Derechos Humanos: "Estamos de acuerdo sobre los derechos, pero a condición de que nadie nos pregunte por qué", declara entonces Jacques Maritain (Eusebio Fernández García, Dignidad humana y ciudadanía cosmopolita, Madrid, Dykinson, 2001). No debería sorprender, por ende, el regreso de la guerra, sobre todo en el caso de Ucrania, que ha avanzado por etapas desde la caída del Muro de Berlín y ha sido sometida, como en los tiempos de la Sociedad de las Naciones (1920-1946) a una simple moratoria. que se agotara el pasado 27 de febrero. El caso es, como lo precisaría Carl Schmitt, "si todo es virtualmente político, nada es político", se vuelve lucha rasa por el poder (Del autor, El concepto de lo político, Madrid, Alianza, 1991).

> "Sólo se construye una esfera pública – para nosotros la que correspondería a un Derecho internacional renovado para el siglo XXI y en un momento de deconstrucción que se topa con el flagelo de otra guerra – cuando se ponen en común y se reivindican, como necesidades y expectativas de todos, intereses que requieren políticas, regulaciones e instituciones supra ordenadas y heterónomas respecto de los sujetos singularmente interesados".

El filósofo y jurista italiano Luigi Ferrajoli (Principia Iuris. 2. Teoría de la democracia, Madrid, Trotta, 2011) argumenta así, con vistas a lo anterior, sobre la posibilidad pragmática de alcanzar un constitucionalismo global – ¿lo aceptarán China y Rusia? – considerando que la misma globalización es como fenómeno un factor de unificación, así sea a propósito de los problemas y bajo las ideas de autoconservación y de solidaridad, alrededor de derechos que se consideran universalmente reivindicables. Pone el ejemplo de la misma Naturaleza, amenazada por las catástrofes ambientales y capaz de unir "virtualmente" a toda la Humanidad. Pero acaso vale mejor lo que con relación a esos mismos argumentos vertebrales – paz y derechos humanos – urge de primero Papa Ratzinger dirigiéndose a los Estados parte reunidos en la Asamblea General de la ONU de 2011:

> "Cuando en nuestra relación con la realidad hay algo que no funciona, entonces debemos reflexionar todos seriamente sobre el conjunto, y todos estamos invitados a volver sobre la cuestión de los fundamentos de nuestra propia cultura".

En otras palabras, será imposible construir o reconstruir sobre lo humano, cuando menos para el Occidente y si alcanza a superar la deconstrucción que lo afecta desde 1989, de no reparar como premisa necesaria en los fundamentos antropológicos del Nuevo Orden en forja. Y la guerra contra Ucrania, por movilizar conciencias, probablemente sea capaz de abrirlas al estar sacando al mundo de las identidades autónomas y de redes de sus ensimismamientos, entroncándolas con sus respectivas culturas integradoras.

En suma, más allá de los elementos geopolíticos comprometidos en el acto de agresión de Rusia contra Ucrania, lo que estará puesto sobre la mesa de las decisiones que harán historia y como problema raizal es la reivindicación que de sus espacios milenarios se han propuesto las grandes civilizaciones. Es lo que determinará, al cabo, quienes ganarán o perderán realmente la guerra en curso y cómo serán normativamente descritos sus resultados por el Derecho internacional o el emergente, el Derecho de la gobernanza global que nazca de este quiebre «epocal».

IV. Diagnóstico del «quiebre epocal»

Impuesta la parálisis abrupta del acontecer humano por la pandemia del coronavirus en 2020, la realidad internacional y como saldo habla por sí sola. No es diferente, cabe subrayarlo, a pesar de la guerra, a tal punto que esta condicionará su desenlace – ¿otro Orden Nuevo –? sin haberse originado con ella.

Aherrojados en la circunstancia, los fenómenos característicos del siglo corriente que interpelan sobre todo a Occidente, sin que aún encuentren respuestas en el plano del Derecho internacional contemporáneo, pueden resumirse así:

(a) La incapacidad del Estado soberano y de sus instituciones constitucionales para asumir, por sí solos, los ingentes desafíos y conjurar los peligros propios de la deriva tecnológica cuando deja de ser medio y se hace finalidad: la gobernabilidad se ve comprometida y la gobernanza vive en emergencia.

(b) La inutilidad sobrevenida de las organizaciones multilaterales que forman los Estados y sus empeños de conjugar en clave gubernativa soberana, a pesar de la premisa pro homine consagrada por la Segunda Gran Guerra del siglo XX. Ello les ha impedido realizar la norma de orden público internacional señalada. Vivimos, en efecto, bajo un orden de equilibrios críticos y una falsa gobernanza global, incapaz de sobreponerse a las potencias mundiales o intermedias que la desafían.

(c) La fractura del tejido social y la segmentación de las poblaciones (originarios, afrodescendientes, musulmanes, LGBT, ambientalistas, abortistas, tribus urbanas, etc.) alegándose el derecho a la diferencia o la exclusión de los distintos como la regla; incluso dentro de cada Estado y como subdivisiones que dentro del mismo escapan a las narrativas integradoras de lo ciudadano, apuntaladas constitucionalmente.

(d) La transnacionalización de la criminalidad organizada (terrorismo, narcotráfico, lavado de dineros ilícitos o producto de la corrupción) y el asalto por sus actores de los restos del Estado moderno, transformándolo en nicho de impunidad, es moneda de uso corriente: La soberanía y su coetáneo principio de la No intervención, otra vez se vuelve patente de corso para violaciones sistemáticas y generalizadas de derechos humanos en distintos espacios del planeta.

(e) La relativización de los comportamientos humanos, al relajarse los códigos o sólidos de la moral universal y romperse la línea que separa la legalidad de la ilegalidad, la verdad de la mentira, como fraudes a la democracia y al Estado de Derecho, comprometiendo sus estándares y reduciéndoselas a meros predicados morales.

(f) La emergencia de una economía virtual, comercial y financiera, fundada en técnicas para la destrucción (TpD) que se niegan a la lealtad en la competencia, propia del capitalismo histórico, transformado en lo adelante bajo las tercera y cuarta revoluciones industriales en «capitalismo de vigilancia» (Shoshana Zuboff, The Age of Surveillance Capitalism, PublicAffairs, 2019).

(g) La pugna entre un desbordado antropocentrismo que intenta crear vida y manipular al genoma humano, ajeno a los meros fines terapéuticos, y un bio-centrismo marxista que se propone fundir al hombre con la tierra, sobreponiéndole a la Diosa y Madre naturaleza por creadora del todo, como signo de los tiempos nuevos.

De modo que, a la luz de la dispersión reseñada y sus evidencias advierte de pertinente Ferrajoli que se impone la reflexión y el planeamiento jurídico y político, a cuyo efecto urgen, según él, sean fijados:

"los límites y vínculos fundamentales idóneos para garantizar [las] promesas de paz y de igualdad en los derechos frente a las agresiones provenientes de la selva de los poderes desregulados, tanto políticos como económicos".

No se trata de contener o frenar simplemente, pues al término si se busca conjugar, lo repito una vez más, en favor del hombre y sus derechos fundamentales –pro homine et libertatis– habrá de mediar siempre un razonamiento liberal que no se basta con el simple ejercicio de ciencia o de técnica jurídica o de arbitraria ordenación normativa, por parte de las fuerzas y poderes dominantes en la coyuntura. Es el problema que debería hacer reflexionar a Occidente y que de suyo le llevará a antagonizar con el discurso o la narrativa pactada por China y Rusia en los días previos a la guerra contra Ucrania.

Lo cierto es que hasta ayer habían quedado atrás como resabios inútiles o especulativos que se anticiparan al caos actual, el citado «choque de civilizaciones» tras la caída de la Cortina de Hierro y que encuentra eco posterior en el «Diálogo de Civilizaciones» planteado por el presidente reformista de Irán, Mohammad Khatami (1998). Hoy vuelve a revalorizarse desde China y Rusia con su pacto de Beijing, pero desde el ángulo de la «Alianza de Civilizaciones» propuesta por la izquierda española (2004) para enfrentar y derrotar a Occidente (Arístegui, Gustavo, Contra Occidente: La emergente alianza antisistema, Madrid, 2008); o ¿para enfrentar a otro distinto de las civilizaciones monoteístas o enfrentarlas a estas, musulmanes contra liberales cristianos? (Shaun Riordan, "¿Alianza de civilizaciones o alianza de civilizados?", Real Instituto Elcano, 20 de abril de 2006).

Las civilizaciones, por lo visto, siguen en pie, sin matizaciones, cuando menos la musulmana y la confucionista, ahora también la cultura eslava oriental. La judeocristiana, la de los universales, una parte decidió acompañar al globalismo progresista y a su relativismo conceptual y ético. Se neutralizó para no empañar su tolerancia mal entendida, avergonzándose de su legado milenario y sus prédicas de libertad y respeto a la dignidad de la persona humana. Incluso la misma Iglesia romana que ayer impulsaba el reconocimiento expreso de las raíces cristianas en el preámbulo de la frustrada Constitución de Europa (2006), anda ahora en búsqueda de "rostros amazónicos" y en procura de un mundo de particulares.

Las gentes del Oriente de las luces y del Occidente de las leyes, las del Norte vikingo e industrializado como las del Sur de las civilizaciones materialmente empobrecidas, todas a una, eso sí, se han recogido y viven el Gran Frenazo causado por la pandemia. Se repliegan en sus "cuevas" y se miran en sus sombras obligadas por una cuarentena y su regla de «distanciamiento social» que no separa credos, religiones, confesiones, ideologías, sexos, tampoco "civilizaciones", como cabe reiterarlo. Entre tanto, acicateados por la guerra migran por centenas de miles y bajo todo riesgo los ucranianos, como lo siguen haciendo sirios y venezolanos.

Una consideración de fondo nos hace Ferrajoli a manera de cierre de las reflexiones precedentes, a saber, que no es la hora de los pesimistas del realismo quienes afirman la inmovilidad monótona de un decurso de fatalidades, ni la de las miopías nacionales o generacionales. Cabe afirmar, entonces y una vez más, la validez teleológica del ideal kantiano de "los tiempos mejores": dejando a quienes no lo compartan la carga de la prueba.

Ese ideal lo hicieron posible las reglas humanistas y humanitarias de la Carta de San Francisco en 1945, por más que las realidades hubiesen torcido su rumbo en los decenios sucesivos hasta volver a recrear un clima de impunidad en el mundo. Aquéllas podrían resolver hoy sobre la agresión de Rusia a Ucrania. Antes fueron esbozadas por el mismo Emer de Vattel (1714-1767) a contrapelo de la realidad histórica que le rodeaba y al construir teóricamente o describir normativamente las relaciones internacionales, «declinando» siempre a la luz de la idea de Humanidad que le tiene como pionero intelectual durante la modernidad: "Sería un error igualmente funesto y grosero imaginar que todo deber cesa, que todo vínculo de humanidad se rompe, entre dos naciones que hacen la guerra", sostiene.

¿Acaso unidos, como lo predica Ferrajoli, por "la exigencia universalista de la autoconservación"? ¿Sólo posible, según lo dicta la experiencia y desde la perspectiva de la Justicia, bajo la noción de responsabilidad que predica el mismo Vattel, al fijar las bases del derecho internacional moderno?: "Una nación debe preservar los derechos que le pertenecen: el sentido de su seguridad… no le permite sufrir de injurias [pero…] no le está permitido olvidar sus deberes para con las otras" (Emer de Vattel, Le droit des gens ou principes de la loi naturelle, Neuchatell, 1773, tome I), concluye el jurista y diplomático suizo. De donde ambas premisas quizás sirvan de guía primera para la construcción de una Era u Orden posible en el planeta, afincada sobre las ideas de la autoconservación del género humano y de la libertad responsable.

V.   La cuestión ucraniana: Dimensión sociológica e histórica

¿Qué saldo nos quedará, es la pregunta pertinente, de la guerra en curso de Rusia contra Ucrania – una nación "asociada" a la Unión Europea desde 2014, que deja incidencias alimentarias y energéticas a nivel mundial, y cuestiona el poder real actual de Estados Unidos – a fin de que tengamos una justa ponderación sobre su significado?

Ucrania es una unidad inestable de diversidades históricas, de mestizajes entre distintas culturas por sobre sus originarias, unas mirando hacia Occidente y otras al Oriente. Es y ha sido, ciertamente, un laboratorio de experimentación geopolítica desde sus más remotos días.

Así las cosas, puede volverse en la hora una oportunidad y el escenario en el que encuentra apropiado discernimiento la Era Nueva – pactada por rusos y chinos – o el Nuevo Orden Global que busca forjarse en medio de una tensión entre los nichos sociales en los que se ha fragmentado Occidente a partir de 1989, tras el derrumbe de la Cortina de Hierro.

En lo mediato, hasta el instante en que los ucranianos readquieren su independencia en 1991, su autodeterminación se ha vuelto ejercicio corajudo e inacabado de voluntades en choque, que aún sigue sin destino cierto.

"En el siglo IX fue el país de los eslavos orientales, la nación más grande y poderosa de Europa hasta el siglo XII. Hogar de la primera democracia moderna fue dividida en el siglo XIX tras la Gran Guerra del Norte, la mayor parte se integró en el imperio ruso y el resto en el austrohúngaro" (Fermín Agusti, Cadena Ser, 2014).

Llamada Ucrania "la puerta de Europa", nuestro primer historiador habla de la llegada a ella de los escitas (Los nueve libros de la historia de Herodoto de Halicarnaso, Madrid, 1898) – que sobre sus espacios los del sur de Rusia forman la Escitia en tiempos precristianos, hacia el siglo VIII a.C. Comercian con los griegos y persas y se nutren de sus savias hasta que entran en escena los eslavos. Estos, entre los siglos IX al XIII de la era cristiana establecen la Rus de Kyiv, tributaria de la catolicidad ortodoxa de Constantinopla y desde la que gobiernan los grandes príncipes o czares de Rusia entre el año 862 y 1157, cuando ocurre el cisma, que divide a la monarquía entre 1154 y 1240, una residente en Kiev, otra en Moscú.

Durante los siglos XVI al XVIII una parte de Ucrania pasa a ser dominada e integrada dentro de la Mancomunidad de las Dos Naciones que forman el Gran Ducado de Lituania y el Reino de Polonia, que a su vez reúne a la actual Polonia, la Ucrania Bielorrusa, Letonia, Estonia y la llamada Rusia occidental. Pero mirando entonces hacia oeste cultural los ucranianos, los cosacos – formaciones sociales multiculturales, descendientes de eslavos, y nómadas – forman después en sus tierras el Hetmanato, con sus costumbres y formas de autogobierno basadas en tradiciones militares. Y los tártaros – parte de los pueblos túrquicos – crean allí su propio estado, el Janato de Crimea, hoy "reconquistado" por la Rusia de Putin (https://ukraine.ua/es/explora/historia-y-origenes/).

En ese tiempo, entre 1648 y 1654 ocurre en los espacios ucranianos la célebre rebelión de Jmelnirski o la revolución de Chmielnicki, que junta alrededor del atamán de dicho nombre a cosacos de Zaporoshia, de la región de Dnieper, los tártaros de Crimea y ortodoxos contra la Mancomunidad, relajando sus controles polacos, de judíos y católicos romanos; ello, en búsqueda de crear un estado cosaco autónomo que a su final sólo alcanza que las tierras cosacas pasen a control de los rusos, en lo que se conoce como El Diluvio. Polonia pierde así un tercio de su territorio (Perry Anderson, El Estado absolutista, Siglo XXI, Madrid, 2007). La mayoría de la población ucraniana se consideraba distinta de los lituanos y polacos que les gobernaban.

Desde entonces hasta el siglo XX, ese mosaico de realidades culturales que sincretizan las raíces de Occidente con la de Oriente, Ucrania, pasa a dividirse para formar parte de dos imperios, el austríaco o austrohúngaro y el ruso. Quisieron construir los ucranianos su propia nación entre 1917-1921 mediando la revolución bolchevique, a la que resisten unidos a los polacos. Mas al cabo, a diferencia de Polonia, que conserva su entidad, Ucrania se diluye dentro de la Unión Soviética, ofrenda 8 millones de víctimas durante la Segunda Gran Guerra, de los cuales 1,5 millones fueron judíos.

Es Ucrania, en suma, la víctima sufriente del Holodomor, El Gran Terror, del Holocausto, e incluso de la catástrofe de Chornobyl. Y es apenas en 1991, hace dos décadas, cuando les llega, como conjunto de diversidades, la posibilidad de construir un Estado unitario, libre y democrático, bajo la forma republicana. No les ha sido fácil.

Incluso, desde la perspectiva del Derecho internacional, que consagra el derecho a la libre determinación de los pueblos (Carta de la ONU y Resolución 2625/XXV de la Asamblea General), el respeto al Derecho de autodeterminación de los pueblos ha de conciliarse con el de la integridad territorial de las naciones, tal y como lo revela el Acta de Helsinki de 1975 y lo exige la jurisprudencia de la Corte Internacional de Justicia, al ponderar la necesidad de "estabilidad para sobrevivir, desarrollarse y consolidar progresivamente la independencia" del pueblo que se autodetermina (CIJ, *Différend frontalier Burkina vs. Mali*, Rec. 1986). "Estos derechos deben ejercerse respetando los legítimos intereses de la comunidad en su conjunto, y no pueden servir de pretexto para atentar contra la integridad territorial y la unidad política del Estado", refiere por su parte la Carta de Argel de 1976 (Declaración Universal de los Derechos de los Pueblos, artículo 21), dejando como predicado, al respecto, la necesidad de la consulta popular al conjunto.

Tras los gobiernos independientes de Kravchuk (1991-1994) y Cuchma (1994-2005), a los que siguen la Revolución Naranja que denuncia un fraude electoral en la controversia por la presidencia entre Viktor Yuschenko (2005-2010) que al término se impone a Viktor Yanukóvich, un pro-ruso dirigente del Partido de las Regiones que le sucederá (2010-2014), amenazado este por la Revolución de la Dignidad o Eudomaidán, europeísta y nacionalista, encuentra Putin el hito o argumento para sacar el hacha de la guerra. El parlamento había votado por la destitución de Yanukóvich quien huye de Kiev, a cuyo efecto, en violación flagrante del Derecho internacional Rusia anexa a Crimea y propicia otra vez la fragmentación del país, como lo hiciese la Rusia imperial.

El derecho internacional afirma que "el territorio de un Estado no será objeto de adquisición por otro Estado derivada de la amenaza o el uso de la fuerza". La ONU no ha sido capaz de garantizárselo a los ucranianos, desde 2013. Se ha vuelto sal y agua. La guerra sigue allí, mientras se eleva la dignidad de los ucranianos que resisten. Eso sí, los partes de guerra nutren a las agencias internacionales dividiendo sus narrativas entre Oriente y Occidente, sin que los diálogos ofrezcan esperanza cierta e inmediata. Vivimos, reitero, un «quiebre epocal». Sin duda alguna afectará a toda la Humanidad.

VI.   LA DIMENSIÓN NORMATIVA Y SU INSUFICIENCIA

¿Ha podido cumplir su cometido el Derecho internacional en cuanto a prevenir y conjurar el uso de la fuerza, o bien exigir las responsabilidades, sea la del Estado declarado agresor como lo es Rusia, sea la de quienes, dentro de este, en lo individual, se encuentran comprometidos dentro del ámbito de lo internacional penal por crímenes de guerra y de lesa humanidad? ¿O, cuando menos, los mecanismos de cooperación que facilitan crear progresivamente las condiciones para que la seguridad colectiva se pueda realizar como propósito o amortiguar las tensiones y conflictos de carácter internacional, ha servido de algo?

El conflicto – siempre latente por sus antecedentes históricos y remotos – emergen como lava de volcán a partir de 2013. Yanukovich suspendió, a pedido ruso, la firma del acuerdo de asociación de Ucrania con la Unión Europea; luego de lo cual se enciende el este ucraniano y ha lugar a la Revolución Naranja mencionada. Miles de manifestantes toman las calles de Kíev y fuerzas todavía bajo el mando de dicho gobernante asesinan a 100 personas. El caldo de cultivo le servirá a militares y agentes del Kremlin camuflados para invadir a Crimea y forzar su anexión a la Federación en 2014.

Ese año se firma el llamado Protocolo o Acuerdo de Minsk que no alcanza a frenar el desangramiento de la guerra, e interviniendo en la cuestión el Cuarteto de Normandía (Francia, Alemania, Ucrania y Rusia) se adoptan medidas para aplicar los acuerdos incumplidos, ahora conocidos como el Acuerdo Minsk II.

El Acuerdo de Minsk elaborado por el Grupo de Contacto Trilateral sobre Ucrania, creado después de la elección del presidente Petró Poroshenko (2014-2019) para encontrar una solución diplomática a la guerra en la región de Donbass – poner un punto final al conflicto entre separatistas prorrusos y combatientes ucranianos – e integrado por Ucrania, la Federación de Rusia y representantes de la Organización para la Seguridad y la Cooperación en Europa (OSCE) al que se suman, por pedido de Rusia, una representación de los separatistas ucranianos, es adoptado el 5 de septiembre. Su contexto es la igual expansión de los disturbios en las partes sur y este de Ucrania, como consecuencia de la Euromaidán.

Los jefes de Estado reunidos en Normandía con ocasión del 70° aniversario del Día D o Grupo de Normandía señalado lo auspician, para reducir la tensión entre Ucrania y Rusia y alcanzan a celebrar varias reuniones – una en Kiev, las otras en Donetsk, sucesivamente en Minks – cuyo resultado fue la adopción de doce puntos – anunciados por el presidente ucraniano.

El Protocolo de Minsk violentado de inmediato, al no producirse el cese cabal de fuego, agrega el 19 de septiembre de 2014 un Memorándum Suplementario para resolver:

1. Prohibir vuelos de aviones de combate sobre la zona de seguridad.

2. Retirar a todos los mercenarios extranjeros de la zona de conflicto.

3. Prohibir las operaciones ofensivas.

4. Tirar el armamento pesado 15 kilómetros (9,3 millas) hacia atrás a cada lado de la línea de contacto, creando una zona de amortiguación de 30 kilómetros (19 millas).

5. Encargar a la Misión Especial de Supervisión de la OSCE en Ucrania que supervise la aplicación del Protocolo de Minsk.

Así las cosas, ya en enero de 2015 había fracasado totalmente el alto al fuego, luego de que las fuerzas de la autoproclamada República Popular de Donetsk (RPD), recientemente reconocida por Putin junto a la igualmente autoproclamada República Popular de Lugansk (RPL), tomase el aeropuerto internacional de su región. El 12 de febrero, para poner término a los combates que tienen lugar en ambas, en Donbas como se conoce el sitio que las reúne, el Grupo de Normandía propicia el ya citado Acuerdo de Minsk II con medidas adicionales a ser supervisadas por la OSCE, pero que ningún efecto tampoco alcanzan.

"El nuevo consenso estableció un nuevo cese al fuego inmediato y bilateral, el retiro de todo el armamento pesado de ambos bandos, una hoja de ruta para llevar a cabo elecciones locales y la amnistía de los dirigentes involucrados en el conflicto". "Sus términos también establecían la liberación de rehenes y personas detenidas ilegalmente y una reforma constitucional en Ucrania con la adopción de una nueva Carta Magna para fines de 2015", otorgándoles mayor autonomía a las regiones en conflicto y así asegurar su frontera ante Rusia, rezan las crónicas (https://www.bbc.com/mundo/noticias-internacional-60481414).

Criticado por "frágil y complicado" y visto que la propia Rusia, negando su participación en la guerra y de suyo diciéndose imposibilitada de garantizar el alto al fuego, sobre todo en el sitio de los combates más cruentos, a saber, en Debaltseve, en realidad había retrasado por días el mismo cese y apoyado con sus fuerzas a las separatistas que buscaban la retirada del ejército ucraniano (https://hmong.es/wiki/Minsk_II).

Luego, reunidos más tarde en París, en 2019, los integrantes del Cuarteto propician otro acuerdo de cese del fuego sobre Ucrania y retirar las fuerzas militares rusas y las irregulares ucranianas que estas han respaldado. Pero no hubo entendimiento sobre la cuestión de las elecciones en las regiones ucranianas controladas por separatistas y la aprobación del estatuto que Rusia pide para la región de Donbas. No obstante, habiendo llegado al poder el actual presidente Zelenski, logra convencer a Putin de retomar el camino de la paz y entregan los separatistas a 200 prisioneros (cit. G. Pereira)

Las violaciones al cese de fuego han seguido sin solución de continuidad, por lo que el 18 de febrero de 2020 cinco miembros del Consejo de Seguridad de la ONU sólo llegan a lamentarse: Bélgica, Estonia, Francia, Alemania, y Polonia. La Unión y el Parlamento Europeos, a todas estas, respaldando al Cuarteto defienden sistemáticamente la integridad territorial de Ucrania y señalan al Kremlin como el primer responsable de que los Acuerdos de Minsk no cumpliesen sus propósitos. Putin mismo, antes de reconocer su reconocimiento a las repúblicas separatistas, afirma que tales acuerdos estaban muertos.

Europa de conjunto y Naciones Unidas, situadas al principio y al final de los hechos señalados no han obtenido ningún resultado, a pesar de las construcciones normativas que le imponen a Rusia y obligan a su cumplimiento con apego al principio de la buena fe.

VII.   LAS RESOLUCIONES DE LA ONU: 2014-2021

El Parlamento Europeo, al tener noticias en 2014 de la invasión de Rusia a Ucrania para ocupar a Crimea mientras su parlamento, el de Crimea, iniciaba el procedimiento para adherirse a Rusia, se expidió el 11 de marzo condenando "la violación por parte de Rusia de la soberanía e integridad territorial de Ucrania"; pidiéndole a Francia suspender su venta de buques de asalto a Rusia; exigiéndole a su presidente "que suspenda todas las relaciones políticas [del europarlamento] con la Duma estatal de Rusia y el Consejo de la Federación"; lo que es más importante, "recuerda que los Estados Unidos de América, la Federación de Rusia y el Reino Unido garantizaron las actuales fronteras de Ucrania en el Memorando de Budapest sobre garantías de seguridad cuando Ucrania renunció a su armamento nuclear y se adhirió al Tratado de No Proliferación de las Armas Nucleares (TNP)".

E insiste el Parlamento, en su resolución, que "en virtud del artículo 73 de la Constitución de Ucrania, cualquier alteración del territorio de Ucrania deberá resolverse exclusivamente mediante la organización de un referéndum en toda Ucrania" (Parlamento Europeo, B7-0263/2014); lo que es consistente con las previsiones internacionales sobre autodeterminación.

Llegado el 27 de marzo, la Asamblea General de la ONU aprueba su resolución 68/262 sobre la integridad territorial de Ucrania, con lo que una transacción sobre lo logrado por Rusia a propósito de su larga guerra fracturaría no sólo al Derecho internacional sino a los mismos fundamentos de Naciones Unidas.

En el texto de esta se recuerda la vigencia del artículo 2 de la Carta de San Francisco que proscribe el uso de la fuerza y se vuelve sobre la señalada resolución 2625/XXV que impide las adquisiciones territoriales mediante esta; por lo que condena todo intento de quebrantar "la unidad nacional y la integridad territorial de un Estado" – en el caso Ucrania – por ser ello incompatible con los propósitos y principios del orden mundial establecido en 1945 a raíz de la señalada Carta.

Seguidamente aprobó distintas resoluciones sobre el "problema de la militarización de la República Autónoma de Crimea y la ciudad de Sebastopol (Ucrania), así como partes del mar Negro y el mar de Azov" (Resolución 73/194 de 17 de diciembre de 2018, Resolución 74/17 de 9 de diciembre de 2019, Resolución 75/29 de 7 de diciembre de 2020 y Resolución 76/70 de 9 de diciembre de 2021), y otras tantas sobre los derechos humanos en Crimea y Sebastopol.

En 2018 la ONU condena "la persistente ocupación temporal por la Federación de Rusia de parte del territorio de Ucrania, a saber, la República Autónoma de Crimea y la ciudad de Sebastopol", haciendo presente el Memorando de Budapest violado por Rusia y a cuyo tenor "se reafirmaba el compromiso de respetar la independencia y soberanía y las fronteras existentes de Ucrania". En 2019, expresa estar preocupada "porque la Federación de Rusia no ha aplicado las disposiciones" de sus resoluciones, incluida la relacionada con la integridad territorial de Ucrania. Y destaca que Rusia busca "extender su jurisdicción a las instalaciones y los materiales nucleares ubicados en Crimea", señalando que "la toma de Crimea por la fuerza es ilegal y constituye una violación del Derecho internacional". Evita, sin embargo, tipificarla de agresión.

En 2020, invoca ante los hechos "el Acta Final de Helsinki de 1975, que así como proscribe el uso de la fuerza declara "inviolables" todas las fronteras europeas y demanda de sus Estados parte abstenerse "de toda exigencia o de todo acto encaminado a apoderarse y usurpar todo o parte del territorio de cualquier Estado participante"; y, a la vez que afirma que constituye una amenaza para la seguridad regional y mundial la incautación ilegal por Rusia "de las antiguas zonas de almacenamiento de armas nucleares en Crimea" reconoce que el resultado del comportamiento ruso es "el deterioro de la estructura internacional de seguridad y control de armamentos".

En 2021, volviendo sobre el Acta de Helsinki, adoptada por la Conferencia sobre la Seguridad y Cooperación de Europa junto a los principios que esta dicta para que rijan "las relaciones entre los Estados participantes", recuerda los efectos vinculantes del Acuerdo entre Ucrania y el Organismo Internacional de Energía Atómica para la Aplicación de Salvaguardias en relación con el Tratado sobre la No Proliferación de Armas Nucleares y su Protocolo Adicional. Se trata de los relacionados con la aceptación por aquella de salvaguardias para que "los materiales básicos o materiales fisionables especiales en todas las actividades nucleares con fines pacíficos realizadas en el territorio de Ucrania, bajo su jurisdicción, o efectuadas bajo su control en cualquier lugar, a efectos únicamente de verificar que dichos materiales no se desvían hacia armas nucleares u otros dispositivos nucleares explosivos" (Viena, 21 de septiembre de 1995).

Hace presente, en suma y es lo novedoso, la existencia de la Plataforma Internacional de Crimea o Plataforma de Crimea, como iniciativa diplomática del presidente Zelenski, consistente en un mecanismo internacional que permita restablecer las relaciones con Rusia y hacer efectivo el decreto dictado por este "«sobre determinadas medidas destinadas a la desocupación y reintegración del territorio temporalmente ocupado de la República Autónoma de Crimea y la ciudad de Sebastopol»".

En la sucesión de sus predicados o recomendaciones, es decir, mandatos que han de ser acatados y cumplidos por el o los Estados parte destinatarios, la Asamblea General de la ONU "destaca que la presencia de tropas rusas en Crimea es contraria a la soberanía … de Ucrania". Al hilo, insta a la Federación Rusa, "en su calidad de potencia ocupante, a que retire sus fuerzas militares de Crimea y ponga fin sin demora a su ocupación temporal del territorio de Ucrania" (2018); exhorta a los Estados miembros para que cooperen al efecto (2019); hace constar su preocupación y su condena "por el peligroso aumento de las tensiones y el uso injustificado de la fuerza por parte de la Federación de Rusia contra Ucrania en el mar Negro y en el mar de Azov, requiriéndole "en su calidad de Potencia ocupante, a que retire sus fuerzas militares de Crimea de inmediato, por completo y sin condiciones y ponga fin sin demora a su ocupación temporal de territorio de Ucrania". Además, la exhorta una vez más "a que se abstenga de intentar extender su jurisdicción a las instalaciones y los materiales nucleares ubicados en Crimea" (2020).

En vísperas de lo que, ahora sí, calificará abiertamente como acto de agresión en 2022, Naciones Unidas, concluyendo el año precedente deja traslucir, en las recomendaciones de su resolución, por una parte, la tendencia hacia estabilización de la ocupación y, por la otra, el trasvase progresivo de un conflicto que insistía en confinarse tras los muros europeos a otro, cuyas incidencias van a sentirse a nivel mundial. Así, exhorta a la Federación Rusa "a que colabore de forma constructiva con los mecanismos de fomento de la confianza y la seguridad y de reducción del riesgo a fin de mejorar la transparencia con respecto a sus actividades militares regulares en Crimea", demandándole "se abstenga de realizar [allí] actividades ilícitas…", como "la obstaculización y el bloqueo de la navegación de buques comerciales en dirección a los puertos ucranianos y procedentes de ellos y de buques gubernamentales de diferentes pabellones". De modo particular, "expresa su preocupación además por el despliegue de fuerzas militares y de seguridad de la Federación de Rusia para la protección de plataformas petrolíferas ubicadas en aguas del mar Negro que son de propiedad ucraniana" (2021).

VIII. La parálisis del Consejo de Seguridad y el regreso a la Unión Pro-Paz

La presencia cierta de un casus belli como el que ilustran los antecedentes previos y que compromete la paz y seguridad internacionales, sólo es admitida por Naciones Unidas cuando, fracasada la actuación del Consejo de Seguridad y referida la cuestión a la Asamblea General para que en una sesión de emergencia aborde el asunto ruso-ucraniano y resuelva lo pertinente, se ve en la necesidad imperiosa de invocar la Resolución Unión Pro Paz 377 (V) de 3 de noviembre de 1950.

El Consejo de Seguridad, convocado para su sesión del 25 de febrero de 2022 a las 17:00 horas, se dispuso a considerar una carta – lo confirma el Orden del Día Provisional (S/Agenda/8979) – dirigida a su entonces presidenta el 28 de febrero de 2014 por el embajador ucraniano Yuriy Sergeyev: "Debido al deterioro de la situación imperante en la República Autónoma de Crimea (Ucrania), que amenaza la integridad territorial de Ucrania, y cumpliendo la instrucción pertinente de mi gobierno, tengo el honor de solicitar una reunión urgente del Consejo de Seguridad…", reza su aleccionador texto, revelador de una grave omisión internacional. Se trataba de una agresión por etapas y consumada, que venía desde ese tiempo y los órganos de la ONU habían evitado tratarla con la eficacia que demandaba. Pedirles a los miembros del órgano encargado de sostener la seguridad colectiva a tenor del Capítulo VII de la Carta de San Francisco que se reuniesen, para considerar el texto enviado al mismo ocho años atrás, los dejó al desnudo.

"El veto de la Federación de Rusia ha impedido este viernes aprobar una resolución del Consejo de Seguridad que condenaba la ofensiva que el presidente Vladimir Putin ha lanzado sobre Ucrania y que contó con el voto a favor de 11 de los 15 miembros del Consejo de Seguridad, y tres abstenciones. El documento pedía a la Federación de Rusia "el cese inmediato del uso de la fuerza contra Ucrania y que se abstuviera de toda nueva amenaza o uso ilegal de la fuerza contra cualquier Estado miembro de las Naciones Unidas". También exigía que Rusia retirase inmediata, total e incondicionalmente todas sus fuerzas militares del territorio de Ucrania dentro de sus fronteras internacionalmente reconocidas, y reafirmaba el compromiso del Consejo de Seguridad con la soberanía, la independencia, la unidad y la integridad territorial de Ucrania dentro de sus fronteras internacionalmente reconocidas", narra la información dada ese día por Naciones Unidas.

La decisión que se intentara aprobar y le permitía al Consejo "tomar las medidas necesarias para restablecer la paz y la seguridad, incluido el uso de la fuerza militar", logró el voto de 11 de sus miembros, absteniéndose China, India y Emiratos Árabes Unidos, votando en su contra Rusia. Quedaba, así, vetada. "Las Naciones Unidas nacieron de la guerra para acabar con la guerra. Hoy ese objetivo no se ha conseguido", declara sin más Antonio Guterres, su secretario general (Noticias ONU, 25 de febrero de 2022).

Lo cierto es que el jueves 24, el día anterior a la sesión convocada, como lo reseña Austin Ramsy (The New York Times), "[l]uego de meses de acumulación de tropas y tanques, de sombrías advertencias de violencia y de ambiguas garantías de paz, así como de esfuerzos diplomáticos en Washington, los pasillos de Naciones Unidas y las capitales de Europa, la invasión de Rusia a Ucrania comenzó temprano…, con ataques de artillería y misiles dirigidos a varias ciudades importantes, entre ellas la capital, Kiev, y decenas de muertos".

"Rusia bombardeó más de una docena de ciudades y pueblos. Los misiles alcanzaron objetivos en Dnipro, Járkov y otras ciudades, dijeron funcionarios ucranianos. Se registraron explosiones en Kiev, incluso en el aeropuerto de la capital", explica la crónica citada, sin que la ONU paralizada por el veto del agresor pudiese hacer absolutamente nada.

Mediante un mecanismo de procedimiento, que este no podía impedir, "teniendo en cuenta que la falta de unanimidad entre sus miembros permanentes" le impedía "ejercer su responsabilidad primordial de mantener la paz y seguridad internacionales", el Consejo de Seguridad opta por convocar a la Asamblea General para que examine en "período extraordinario de sesiones de emergencia" – grave paradoja – la carta ucraniana de 2014 (Resolución S/RES/2623 del 27 de febrero de 2022). La guerra era un hecho. Pero se trataba también de su etapa más cruenta tras casi nueve años, sin que nadie pudiese detenerla.

La Asamblea General, bajo propuesta de 94 Estados parte adoptó su resolución A/ES-11/L.1 de 1° de marzo de 2022 titulada Agresión contra Ucrania, contando con 140 de los 192 Estados parte de la ONU. Cinco (5) países la rechazaron de manera abierta: Rusia, Siria, Eritrea, Bielorrusia y Corea del Norte. Y lo que resultaba otra vez paradójico es el intento ruso de hacer aprobar una "resolución humanitaria" sobre la cuestión en el Consejo de Seguridad, ampliamente rechazada, sólo acompañada por China.

La resolución de la Asamblea hace presente, justamente, las razones de su pronunciamiento: "la falta de unanimidad entre los miembros permanentes del Consejo de Seguridad". Por lo que es de recordar que dada tal hipótesis, por vía de interpretación, otra vez ocurre una extensión en las competencias estatutarias de la Asamblea General para debatir y pronunciarse sobre las cuestiones que pongan en peligro la paz y la seguridad internacionales, innovándose, mediante una exégesis teleológica, en el texto de la Carta de San Francisco con fundamento en la célebre Resolución Unión Pro-Paz de 3 de noviembre de 1950.

Respecto de esta importa referir que nace bajo otra circunstancia bélica que paraliza al Consejo de Seguridad, como lo fuera la agresión de Corea del Norte a Corea del Sur, a la sazón estimulada como ahora por una alianza previa entre Rusia y China en el año 1949. Los hechos fueron estos, como los explica J.J. Bravo Vergara ("La relación sino-rusa desde una perspectiva histórica", México y la Cuenca del Pacífico, vol. 8, núm. 26, septiembre-diciembre, 2005, pp. 152-165, Universidad de Guadalajara): "A mediados de 1949, cuando los comunistas aún no controlaban la totalidad de la China continental, Mao Tse Tung definió la postura internacional del nuevo régimen de alineación a la Unión Soviética y el bloque de países que ésta lideraba; ello determinó la enemistad con Estados Unidos y lo que definían como imperialismo capitalista. Para 1950 el líder norcoreano, Kim Il Sung, lanzó un ataque a la parte sur de Corea con el afán de controlar toda la península e instaurar un régimen de tipo comunista, siendo apoyado de manera informal por Joseph Stalin al tiempo que recibió el visto bueno de Mao Zedong. No obstante, las primeras victorias norcoreanas fueron opacadas casi de inmediato por una potente contraofensiva estadounidense que, bajo la bandera de Naciones Unidas, logró alcanzar las márgenes del río Yalú —en la frontera con Manchuria— pese a las advertencias de China".

Tal alianza, acaso similar a la que ahora nace con el pacto de Beijing del pasado febrero, hizo lugar al Tratado de Amistad, Alianza y Asistencia Mutua entre ambas potencias, que suscribe Mao con la URSS en 1950 y marca un trecho de sus relaciones que duran aproximadamente una década, hasta que se rompen desde inicios de los años '60.

Lo relevante es que la cuestión de Corea pudo ser abordada mediante la actuación de la Asamblea General de la ONU, que en su momento resuelve jurídicamente con su dispositivo 1 del apartado A: "Si el Consejo de Seguridad, por falta de unanimidad entre sus miembros permanentes, deja de cumplir con su responsabilidad primordial de mantener la paz y la seguridad internacionales en todo caso en que resulte haber una amenaza de la paz o un acto de agresión, la Asamblea General examinará inmediatamente el asunto, con miras a dirigir a los miembros recomendaciones apropiadas para la adopción de medidas colectivas, inclusive, en caso de quebrantamiento de la paz o acto de agresión, el uso de fuerzas armadas cuando fuere necesario... De no estar a la sazón reunida la Asamblea General puede reunirse en período extraordinario de sesiones de emergencia...", reza la célebre Resolución 377 (V).

Dichas medidas militares pueden desbordar, incluso, las previstas en el Capítulo VII de la Carta bajo control del Consejo de Seguridad y, al efecto, como ejemplo, invitar al Secretario General de la ONU a que estudie la conformación de una "fuerza internacional" ad hoc, distinta de las ordinarias previstas por el artículo 43 de la Carta de San Francisco, tal y como lo indica la Resolución 503 (VI) de la ONU, de 12 de enero de 1952 ("Métodos que podrían emplearse para mantener y fortalecer la paz y la seguridad internacionales conforme a los Propósitos y Principios de la Carta").

A tenor de la doctrina (v.gr. Quoq Dinh, cit.) la Resolución Unión Pro-Paz llamada Acheson por su impulsor, el secretario de Estado norteamericano Dean Acheson, "se encuentra en indiscutible contradicción con el texto de la Carta de San Francisco y de manera flagrante con su artículo 12". Mas es lo cierto que la interpretación que la hizo posible apuntó a la columna vertebral del Sistema de Naciones Unidas, a saber, se resolvió con fundamento en su propósito y finalidad, con apoyo en lo dogmático y subordinando lo orgánico tal y como lo explica el documento señalado de la Asamblea General: "el hecho de que el Consejo de Seguridad no cumpla con las responsabilidades que le incumben en nombre de todos los Estados Miembros, ..., no exime a los Estados Miembros de la obligación que les impone la Carta, ni a las Naciones Unidas de la responsabilidad que tienen en virtud de la misma, de mantener la paz y seguridad internacionales... [;] dicho incumplimiento no priva a la Asamblea General de los derechos que tiene en virtud de la Carta... ". Se trató, al cabo, de una decisión que, si bien es revolucionaria en lo jurídico, no obstante, es consistente con el fundamento del orden internacional que se establece en 1945 y obliga a conjugar sus cuestiones según la regla pro homine et libertatis.

Así fue posible que la ONU, ante la parálisis del Consejo de Seguridad y con base en la Resolución 377 (V), igualmente proveyese en los casos de las intervenciones militares de Egipto y de Hungría en 1956, del Líbano en 1958, en el conflicto indo-paquistaní de 1971, en Jordania y en Afganistán en 1980, en Namibia en 1981, en Bosnia-Herzegovina en 1992 (Cfr. Quoq Dinh, cit.).

¿Qué alcances, entonces, ofrece esta vez y a propósito de la agresión rusa a Ucrania, la aplicación de esta vía extraordinaria por parte de la Asamblea General?

Su resolución es prudente, cabe decirlo sin ambages. Encuentra como contexto uno susceptible de fracturar en sus bases al orden internacional mundial en vigor o llamado a su reconversión. Lo novedoso es que fija parámetros que considera irrenunciables, si bien puede dudarse sea de su efectividad para la reintegración del Derecho internacional afectado por la deconstrucción global en curso, sea para facilitar, cuando menos, el retorno a un statu quo ex ante cuyos resultados ha tirado por la borda el acto de agresión rusa.

La proscripción del uso de la fuerza contra la integridad territorial o la independencia política de un Estado (artículo 2,2 de la Carta de San Francisco) o para la adquisición por la fuerza del territorio de otro Estado (Resolución 2625/XXV del 24 de octubre de 1970), como la tipificación de agresión (Resolución 3314 XXIX del 14 de diciembre de 1974) al uso de la fuerza armada por un Estado con los propósitos señalados, es la premisa mayor negativa que le da su fundamento a la resolución adoptada por la Asamblea General.

Extrañamente, la otra premisa que se deriva de las anteriores y en lo concreto, repetida en todas las resoluciones de dicha Asamblea sobre "el problema de la militarización" en Ucrania por Rusia, a saber, en la que la ONU afirma, con apoyo en las mismas premisas anteriores, "su determinación de preservar la soberanía, la independencia política, la unidad e integridad territorial de Ucrania dentro de sus fronteras reconocidas internacionalmente", es omitida esta vez en sus considerandos. ¿Por qué?, cabe preguntarlo por pertinente. El caso es que la asume luego, aquí sí, como el primer predicado o consecuencia de la misma resolución: "Reafirma su compromiso con … la integridad territorial de Ucrania…".

Seguidamente, condenando la llamada "operación militar especial" por Rusia en Ucrania, de 24 de febrero de 2022 y reconociendo que siendo ella "de una magnitud que la comunidad internacional no ha visto en Europa" y consciente, por lo mismo, que se requiere de su "acción urgente" para salvar a esta generación del flagelo de la guerra, en sus considerandos, persuadida de los graves daños a la vida e integridad personal de la población civil ucraniana, la ONU ancla su argumentación para decidir en otra premisa mayor positiva, que condicionará como corolario a las recomendaciones varias que dirige a sus destinatarios: el "mantener y fortalecer la paz internacional [se basa] en la libertad, la igualdad, la justicia y el respeto a los derechos humanos", fomentando "las relaciones de amistad entre las naciones, independientemente de las diferencias existentes entre sus sistemas políticos…".

Así las cosas, si bien la Asamblea General califica lo ocurrido como "la agresión cometida por la Federación de Rusia contra Ucrania, en contravención del artículo 2, párrafo 4, de la Carta, a cuyo efecto pide de aquella "retire, de inmediato, por completo y sin condiciones todas sus fuerzas militares" y que revierta su decisión de 21 de febrero de 2022, previa a la guerra, "relativa al estatuto de determinadas zonas de las regiones ucranianas de Donetsk y Luhansk" a las que reconoce la misma Rusia como repúblicas populares independientes con afectación de la integridad territorial ucraniana, al término sólo ofrece como vía de solución que Rusia y Ucrania cumplan con los Acuerdos de Minsk.

Sin dejar de condenar "las violaciones del derecho internacional humanitario y abusos de los derechos humanos", la ONU, otra vez dirigiéndose a ambas partes como en su momento lo hizo la Corte Internacional de Justicia, a la agresora y a la agredida, les pide "no causar daños a la población civil" y resolver el conflicto de manera pacífica "mediante el diálogo político, las negociaciones, la mediación y otros medios pacíficos".

¿Qué significa, entonces, cumplir con los Acuerdos de Minsk a la luz de los hechos más graves sobrevenidos con la agresión de Rusia una vez tipificada como tal por la ONU? Al respecto hemos abundado de modo general y sabemos que estos tienen como propósito, desde 2014, poner fin a la guerra en el Este de Ucrania. En lo particular, dichos acuerdos, que buscan dirimir la cuestión entre separatistas rusos y fuerzas ucranianas y la han situado dentro de un ámbito netamente europeo regimentado, al efecto, por el llamado Cuarteto de Normandía, parten del hecho desencadenante, a saber, la anexión de Crimea y la ciudad de Sebastopol por Rusia.

¿Los supuestos normativos a los que ha de responder o con los que se han de describir el acto de agresión de portada global – tras una entente geopolítica sino-rusa – cristalizado en 2022 y la determinación de sus consecuencias, pueden retrotraerse o mirarse adecuadamente en las descripciones normativas de un uso de fuerza localizado y fronterizo, que da lugar al Protocolo de Minsk, sin las connotaciones geopolíticas y de poder nuclear ahora abiertamente involucradas, sustentadas en los pactos de Beijing? ¿Presenciamos – eso presumimos – un escapismo de la realidad por parte de la ONU o acaso sólo busca ser consciente de sus limitaciones, que ya no se reducen a la parálisis del Consejo de Seguridad?

Son situaciones, por lo visto, que no encuentran aún respuesta adecuada y las desborda lo peor, la ocurrencia ahora de un probable genocidio en Bucha – localidad de Kiev – a manos de tropas de la Federación de Rusia, al punto que la ha llevado a su expulsión del Consejo de Derechos Humanos (Noticias ONU, 4 de abril de 2022).

IX. LA CORTE DE LA HAYA, EN EQUILIBRIO CRÍTICO

Una de las incidencias de la guerra que Rusia le hace a Ucrania desde 2013 y se agrava desde febrero pasado, tras el señalamiento por aquella de que esta sería la responsable de un genocidio en su propio territorio que obligó a la primera a una "operación militar especial" de protección – el acto de agresión que ha condenado la ONU - está siendo debatida por la Corte Internacional de Justicia. De su Estatuto son Estados parte la misma Ucrania como la Federación de Rusia. Es una cuestión que tensiona, una vez más, la efectividad y de suyo el respeto por el Derecho internacional en el mundo contemporáneo.

La instancia la realiza Ucrania ante la Corte el 26 de febrero de 2022 a fin de que resuelva sobre su "diferendo" con Rusia relacionado con la "interpretación, aplicación y ejecución de la Convención de 1948 sobre Prevención y Represión del Crimen de Genocidio". Rusia, en efecto, la señala – intentando justificar su guerra como un ejercicio de protección – de estar cometiendo un genocidio en los óblast [organización territorial ucraniana] de Louhansk y Donetsk.

Ucrania le ha pedido a la Corte de La Haya dicte medidas de seguridad y garantías de no repetición de lo que considera una "medida ilícita" o respuesta rusa contraria al Derecho internacional, bajo un falso supuesto de genocidio. Y le requiere que, a tenor del artículo 74, numeral

1 de su Reglamento provea medidas provisionales con "prioridad" a los otros asuntos.

En su ordenanza de 16 de marzo de 2022, luego de distintas consideraciones preliminares, la Corte resuelve sobre la incompetencia que para conocer y decidir le atribuye la Federación de Rusia advirtiéndole que no participaría, por ende, en el procedimiento oral. Pero esta le responde que "su no participación en ningún caso afecta la validez de la decisión" que deba tomar, invocando su precedente en el Caso Guyana vs. Venezuela (CIJ, Recueil 2020, p. 464, párr. 26).

Seguidamente analiza sobre si Rusia puede o no desplegar unilateralmente, como lo hizo, una acción militar arguyendo la existencia de un genocidio en curso dentro de Ucrania. Y concluye que, si bien la Convención sobre Genocidio obliga a sus Estados parte a prevenir y sancionar dicho crimen internacional, su artículo I no discierne, en primer lugar, sobre los tipos de medidas que pueden adoptarse y, en segundo lugar, que el cumplimiento de buena fe de esa obligación no lo puede hacer ningún Estado prescindiendo de los demás partes en la misma Convención.

Por ende, lo que correspondía según la Corte y según el artículo VIII, para el supuesto de que Rusia tuviese razón, era movilizar a los órganos competentes de Naciones Unidas o que Rusia sometiese la cuestión ante ella misma, la Corte Internacional de Justicia, de conformidad al artículo IX. Aclaran los jueces, no obstante, sin prejuzgar sobre el fondo, que no tienen a mano ninguna prueba allegada por la Federación de Rusia sobre la existencia de un genocidio en curso dentro de Ucrania.

En suma, los jueces de La Haya señalan, en fin, haber encontrado un vínculo entre el derecho de Ucrania que considera "plausible" y las medidas conservatorias que esta ha pedido; encontrándose, dada la situación misma de la guerra iniciada por la Federación de Rusia, probados los extremos de un riesgo de perjuicio irreparable y de urgencia, sin los cuales mal podría acordarlas. Se apoya para esto en el conocimiento que ya tiene de la Resolución de la Asamblea General de la ONU citada, la A/RES/ES-11/1 de 2 de marzo de 2022, adoptada por la Agresión contra Ucrania y en virtud de la Resolución Unión Pro-Paz.

Hace prevalecer su competencia, a la vez, para acordar otras medidas distintas, conforme al parágrafo 2 del artículo 75 de su Reglamento. Por consiguiente, mientras conoce y decide sobre el fondo de la demanda ha ordenado la "suspensión de las operaciones militares iniciadas el 24 de febrero de 2022" por la Federación de Rusia sobre territorio ucraniano y su obligación de "velar por que sus unidades militares o las unidades irregulares armadas que estas han apoyado" en modo alguno "cometa actos tendientes a la prosecución de tales operaciones militares"; medida aprobada por 13 jueces y rechazada por dos. Y que, "las dos partes [Ucrania y Rusia] se deben abstener de todo acto que arriesgue agravar o expanda el diferendo que debe decidir la Corte o cuya solución la hagan más difícil"; medida aprobada por unanimidad.

La Corte se negó de plano a la otra medida que le solicitase Ucrania, a saber, que la Federación de Rusia diese cuenta periódica del cumplimiento de las medidas provisionales acordadas y ordenadas. Cabe, entonces, la pregunta que preocupa: ¿Acaso teme que el incumplimiento de estas medidas comprometa, en la especie, su autoridad como órgano de la Justicia internacional? ¿Busca mantener su equilibrio y la neutralidad entre las partes, para no ver comprometida su imparcialidad necesaria de cara a la cuestión principal que deberá decidir?

El asunto de Ucrania y su destino judicial debe mantener atentos a los gobiernos de los Estados parte de la ONU, sobre todo quienes reflexionan sobre el Nuevo Orden, pues los antecedentes no abonan a favor de la CIJ.

El 8 de abril de 1993, en otro caso, exigiéndole a Serbia «adoptar de inmediato todas las medidas a su alcance para evitar que se cometa un crimen de genocidio en Bosnia y Herzegovina», ningún efecto surtió su mandato. Las consecuencias están a la vista.

Transcurrirían catorce años – lo refiere bien el embajador venezolano Diego Arria, quien fue presidente del Consejo de Seguridad – hasta el 26 de febrero de 2007, cuando la Corte opta por afirmar que «Serbia no cometió, conspiró ni fue cómplice de órganos o personas a su servicio en la comisión del delito de genocidio alegado por el demandante», a saber, el gobierno bosnio. Hubo un genocidio, sí, pero sin responsable estatal. Algo insólito.

El Tribunal Internacional Penal para la antigua Yugoslavia, no obstante, luego sometió a juicio al exgobernante serbio Slobodan Milosevic "por genocidio y crímenes de guerra y contra la humanidad cometidos durante las guerras en Croacia y Bosnia (1991-1995) y Kosovo (1998-1999)". Murió en su celda, en espera de condena y bajo una crítica de Moscú al Tribunal por cierto y por impedir que fuese tratado medicamente por el gobierno ruso (El País, 11 de marzo de 2006).

La Justicia internacional que se forja en 1945 tras el Holocausto, al parecer, experimenta su prueba diabólica en la actualidad.

X.   Aproximación axio-dikelógica a la cuestión ucraniana

Revisar la cuestión ucraniana desde la dimensión axiológica y dikelógica o estimarla desde el ángulo de la justicia y como punto de declinación, para el entronque de las revisadas dimensiones socio-históricas y normativa anteriores, es la única que, al término, podría ofrecernos la clave para resolver o entender sobre el efecto real y negativo que la deconstrucción política y del Derecho internacional posterior a 1989 sigue teniendo sobre el principio de la inviolabilidad de la dignidad de la persona humana. Al cabo, como lo precisa Dworkin, "la dignidad es indivisible" y quienes mantienen con vida a la injusticia, al cabo es "porque el desprecio que sienten por sí mismos [¿escépticos para quienes la vida misma carece de valor] engendra una política de desprecio por los otros" (Ronald Dworkin, Justicia para erizos, Buenos Aires, FCE, 2014).

En sus distintas resoluciones sobre el mencionado "problema de la militarización" de Ucrania, la Asamblea General de la ONU recuerda, al fundamentarlas, sus otras resoluciones "relativas a la situación de los derechos humanos de Crimea y la ciudad de Sabastopol" [71/205 de 19 de diciembre de 2015, 72/190 de 19 de diciembre de 2017, 73/263 de 22 de diciembre de 2018, 74/168 de 18 de diciembre de 2019, 75/192 de 16 de diciembre de 2020 y 76/179 de 16 de diciembre de 2021]. La última, de modo especial sirve al propósito de integración normativa de todas las antes dictadas y comentadas desde sus planos histórico-político y prescriptivo, incluida la posterior que declara la agresión a Ucrania el 1ro. de marzo de 2022.

Si bien la última resolución citada de la Asamblea General, que aborda lo relativo a los derechos humanos en Ucrania, se reduce a intentar resolver sobre los aspectos particulares de las violaciones ocurridas e imputadas a la Federación de Rusia, los considerandos abordan todos los aspectos de la compleja cuestión, integrándolos y de suyo relacionándolos, como cabe repetirlo.

Reafirma y recuerda la ONU los principios de proscripción del uso de la fuerza y la imposibilidad de que a través de esta pueda afectarse la integridad territorial de un Estado o hacer valer derechos sobre parte de este, caracterizándolos claramente al invocar su resolución 3314 (XXIX) sobre Definición de la Agresión; tanto como reiterando su compromiso con el sostenimiento de "la integridad territorial de Ucrania": "no se reconocerá su anexión", lo señala con claridad aquella. La devolución de los territorios, en efecto, ha de hacerse de "inmediato", dispone, a la vez que pide de Ucrania, en sus esfuerzos "por poner fin a la ocupación rusa de Crimea", no dejar de "adherirse al Derecho internacional".

Situar las violaciones de derechos humanos generalizadas y sistemáticas – que eso son, si bien no se lo diga expresamente – en las que incurre la Federación de Rusia, dentro del marco de una ruptura evidente de la paz y la seguridad internacionales: la agresión que la transforma en "Potencia ocupante", como la llama la resolución in comento, hace válida la afirmación que contiene la sucesiva resolución de la ONU A/ES-11 que, formalmente, declara la agresión contra Ucrania: "mantener y fortalecer la paz internacional basada en la libertad, la igualdad, la justicia y el respeto de los derechos humanos". Esta, por lo pronto y como petición de principio, no asume a la paz como obra de meros equilibrios geopolíticos, tal y como intenta señalarlo a contravía la Declaración o pacto de Beijing, con vistas la Era Nueva que se proponen establecer rusos y chinos.

Al margen de las narrativas o argumentaciones históricas que le otorgan complejidad a la cuestión ucraniana y alertan sobre su igualmente difícil resolución, como de la puntual ruptura de la paz por vía de una agresión típica y obra de un hecho ilícito internacional continuado [vid. Resolución A/56/83], lo esencial de destacar es la importancia que tiene al respecto la obligación de prevenir.

No haberlo sabido hacer la comunidad internacional como le corresponde estatutariamente, hoy la sitúa ante una realidad ominosa: la cristalización, al término y como lo señala la Resolución 76/179, de "ejecuciones extrajudiciales, secuestros, desapariciones forzadas, enjuiciamientos por motivos políticos, actos de discriminación, acoso, intimidación y violencia, incluidos actos de violencia sexual, detención y reclusión arbitrarias, torturas y malos tratos… militarización y asimilación de jóvenes… adiestramiento de combate de los niños… cambiar la estructura demográfica… la evacuación o el traslado de una parte de la población civil al territorio por ella ocupado… golpizas, aplicándoles descargas eléctricas y sometiéndolos a asfixia", atribuibles todas a la Federación de Rusia.

Desafiante se vuelve tal realidad ominosa, desde la dimensión Justicia, sobre todo con vistas al porvenir, una vez como también se constata en los párrafos de la resolución referida que, intentando esta, Rusia, "legitimar o normalizar su tentativa de anexión de Crimea, entre los que se incluyen la imposición automática de la ciudadanía rusa", al cabo no le resta a la ONU sino: "[d]eplora[r] que la Federación de Rusia desoiga las repetidas solicitudes y exigencias de la Asamblea General e incumpla [además] la providencia de la Corte Internacional de Justicia de 19 de abril de 2017 sobre las medidas provisionales en la causa propuesta por Ucrania contra la Federación de Rusia, relativa a la Aplicación del Convenio Internacional para la Represión de la Financiación del Terrorismo y de la Convención Internacional de Todas las Formas de Discriminación Racial.

Condena, sí, y lo hace enérgicamente – de un modo verbal – que esa situación de "constante y total incumplimiento por parte de la Federación de Rusia de sus obligaciones dimanantes de la Carta de las Naciones Unidas y el Derecho internacional haya alcanzado a "su responsabilidad jurídica respecto del territorio ocupado, incluida la obligación de respetar el derecho ucraniano y los derechos de todos los civiles".

En la hora y frente al tiempo generacional e histórico que se ha abierto [2019-2049] trascurridos treinta años luego de la caída del Muro de Berlín [1989-2019], queda sometida a prueba crítica, asímismo, la eficacia de la Justicia internacional penal, dada la apertura de una investigación "sobre posibles crímenes de guerra y crímenes contra la humanidad" ordenada por el Fiscal ante la Corte Penal de La Haya. Del examen preliminar, según la Oficina de este, "existe una base razonable para proceder".

Cierto es que así como Rusia, en tanto que Estado agresor y firmante del Estatuto de Roma de la Corte Penal Internacional anunció en 2016 su decisión de no ratificarlo: no es "un órgano judicial independiente y autorizado", afirma su ministerio de relaciones exteriores (Amnistía Internacional, 16 de noviembre de 2016), Ucrania, que tampoco Estado parte, sin embargo ha aceptado la jurisdicción de dicha Corte para conocer de los crímenes cometidos en su territorio entre 2013 y 2014, y luego a partir de dicha fecha en lo adelante (Noticias ONU, 28 de febrero de 2022).

Sea lo que fuese, a la espera de los resultados de tal investigación, si llegase a actuar la Corte en la cuestión encontraría sólido apoyo normativo, como lo creemos, en su propio Estatuto, con fundamento en el literal a), numeral 2 del artículo 12 (principio de territorialidad: crímenes cometidos dentro de Ucrania) y conforme a lo dispuesto en el artículo 15 bis, numeral 6 (determinación de un crimen de agresión por la Asamblea General de la ONU a instancias del Consejo de Seguridad, dada su parálisis).

Epílogo: Una declinación «trialista» ajena a la Justicia

El asunto vertebral, en suma, es que, de manera previa al inicio de la guerra contra Ucrania, como lo hemos explicado, Rusia y China apuestan como desenlace al nacimiento de otro orden internacional, que se opone a la teleología cultural y política de un Occidente que, tras la Segunda Gran Guerra del siglo XX, fundado en sus tradiciones milenarias había decidido apostar – lo repito con Dworkin – a un "mejor modo de vivir". Allí están como resultados las Declaraciones de Derechos Humanos, adoptadas a partir de 1948. Y lo hizo, justamente, para no "carecer de certezas". Y quienes incluso no alcanzan a compartir dicha perspectiva, desde entonces se empeñaron en usar de la incertidumbre suponiendo que, cuando menos, quedaba "una verdad a conquistar".

Ese edificio intelectual es el que se encuentra, en este instante, sujeto a bombardeo. Las escalas previas fueron las Torres Gemelas de Nueva York y hasta la Iglesia de San Pedro, de un modo virtual, íconos de la cultura occidental. De suyo, la guerra en curso ya acopia legiones de víctimas – muertos, heridos, desplazados – para obligar a los sobrevivientes a la aceptación de otro principio de In-Justicia ordenador de la afirmación del desorden y la deconstrucción global, tal y lo enuncia el pacto sino-ruso: "Una nación puede elegir las formas y métodos de implementación de la democracia que mejor se adapten a su estado particular… Sólo corresponde al pueblo del país decidir si su Estado es democrático".

Rusia acaba de ser expulsada del Consejo de Derechos Humanos de Naciones Unidas, con argumentos más que abundantes y que, a la luz de estas páginas, dicen sobre lo acertado de la medida. La cuestión es que, si bien el régimen de Putin considera a la misma ilegal, fue adoptada por 93 Estados parte mientras otros 82 Estados o lo hicieron en contra – 24 – o se abstuvieron. La contundencia de los 140 Estados parte que declararan previamente la agresión a Ucrania como un atentado a la paz y la seguridad internacionales y una afectación de su integridad territorial, mientras 38 se abstuvieron y 5 votaron en contra – para sumar 43 – se ha vuelto sal y agua.

El peso de la cuestión geopolítica, como si estuviésemos en el tiempo previo a la Primera Gran Guerra y hasta concluida la Segunda en 1945, ha sido mayor para la comunidad internacional mientras que la otra, la columna vertebral del orden ahora puesto en crisis manifiesta, el fundado sobre la primacía de la dignidad de la persona humana, viene dividiendo las voluntades.

El viaje moderno y su Derecho internacional medran amenazados de haber llegado a su final. La declinación tridimensional del acto de agresión rusa – que, desde el inicio de la última invasión, la de febrero hasta la fecha de estas apuntaciones, deja como saldo 1.892 civiles muertos, unos 20.000 soldados caídos y 3,6 millones de refugiados – se reduce, al término, a la primacía de la dimensión real o de potencia por sobre la descriptiva-normativa y la estimativa, la que procura la paz: "El destino de Ucrania depende de si USA envía apoyo militar… [y] para ser sinceros, el que podamos [sobrevivir] depende de esto", ha dicho, claramente, el presidente Zelenski (Diario Las Américas, 11 de abril de 2022).

Condado de Broward, abril 19, 2022

BIBLIOGRAFÍA

Asdrúbal Aguiar, *Calidad de la democracia y expansión de los derechos humanos*, Miami, Miami Dade College/EJV, 2018

Asdrúbal Aguiar, *Código de Derecho Internacional*, 3ª. Edición, Caracas, UCAB/Editorial Jurídica Venezolana, 2021

Asdrúbal Aguiar, *El viaje moderno llegó a su final*, Miami, IDEA/EJV, 2021

Perry Anderson, *El Estado absolutista*, Siglo XXI, Madrid, 2007

Hanna Arendt, *El orgullo de pensar* (Fina Birulés, compiladora), Barcelona, Gedisa, 2006

Arístegui, Gustavo, *Contra Occidente: La emergente alianza antisistema*, Madrid, 2008

Pablo Blanco y Emilio García Sánchez, editores, *Benedicto XVI, Habla sobre vida humana y ecología /*, Madrid, Palabra, 2013

Diego Arria, *Guerra y terrorismo en el corazón de Europa*, Nueva York, EJV International, 2022

J.J. Bravo Vergara, "La relación sino-rusa desde una perspectiva histórica", *México y la Cuenca del Pacífico*, vol. 8, núm. 26, septiembre-diciembre, 2005, pp. 152-165, Universidad de Guadalajara

Darío Enrique Cortés C., "Neomarxismo y revolución cultural", *Utopía y praxis latinoamericana*, Año 24, número Extra-3, 2019

Nguyen Quoc Dinh et al., *Droit international public*, Paris, LGDJ, 2009

Ronald Dworkin, *Justicia para erizos*, Buenos Aires, FCE, 2014

Eusebio Fernández García, *Dignidad humana y ciudadanía cosmopolita*, Madrid, Dykinson, 2001

Luigi Ferrajoli, *La sovranitá nel mondo moderno*, Milano, 1995

Luigi Ferrajoli, *Principia Iuris. 2. Teoría de la democracia*, Madrid, Trotta, 2011

Herodoto de Halicarnaso, *Los nueve libros de la historia*, Madrid, Librería de Hernando y Ca., 1898

Frederick de Martens, *Traité de droit internacional*, I, Paris, Librairie Maresq, 1883

Samuel Phillips Huntington, «The Clash of Civilizations?», *Foreign Affairs*, vol. 72, no. 3, 1993

Martii Koskenniemi, *Il mite civilizzatore delle nazioni. Ascesa e caduta del diritto internazionale 1870-1960*, Bari, Editori Laterza, 2012

Shaun Riordan, "¿Alianza de civilizaciones o alianza de civilizados?", *Real Instituto Elcano*, 20 de abril de 2006

Carl Schmitt, *El concepto de lo político*, Madrid, Alianza, 1991

Emer de Vattel, *Le droit des gens ou principes de la loi naturelle*, Neuchatell, 1773, tome I

Shoshana Zuboff, *The Age of Surveillance Capitalism*, Public Affairs, 2019

EL RÉGIMEN DE LA MENTIRA JUDICIAL Y LA DECONSTRUCCIÓN DEL SISTEMA JURÍDICO INTERNACIONAL
Guerra híbrida y «Lawfare» en el siglo XXI

> *"En sus primeros escritos encontramos ya las investigaciones… sobre los orígenes y la definición de soberanía – sus orígenes en las guerras religiosas europeas – así como las características de la definición de hostilidad y del estado de emergencia… En lugar de la guerra entre Estados regulada legalmente y dirigida por ejércitos regulares, [Carl] Schmitt ahora mira hacia el surgimiento de la figura del partisano, que busca una guerra híbrida anticolonial, civil y de clases"*. Howard Caygill, *On Resistance. A Philosophy of Defiance*, London, 2013.

Escribe Platón sobre lo que admira, a saber, todo aquél quien sobre un fondo de verdad teje un espléndido bordado de su cosecha, fantasea a partir de cosas o hechos vividos a diferencia de quienes se refieren a hechos o a cosas indiscutidas, pero las presentan a la luz de sus intereses, o sea, manipuladas. A estos, que les llamaría historiadores el fundador de la academia de Atenas según su intérprete, les calificaría de traductores esclavos de sus opiniones restándoles crédito a diferencia del creador libre.[7] Vería a la novela, así, como una expresión sublime de la experiencia literaria.

Mas ocurre algo distinto cuando la realidad es otra, como la que denuncia Luciano refiriéndose a quienes extienden la mentira bajo el manto de la verdad; justamente para destacar lo que él mismo hace con sus *Relatos verídicos*. Con giro socrático deliberado admite que "sólo digo una verdad,

---

7   Diálogos VI, *Estudio preliminar de Teaitetos*, por Juan B. Bergua, Madrid, 1960

la de que miento", con un propósito noble como el hacer viajar al lector a través de mentiras para volverlo exigente en su mirada[8]; para que se tropiece con la verdad.

En otras palabras, tal como acontece con el mito entre los griegos. Sirven para hablar de manera figurada o metafórica sobre esas otras verdades que adquieren dignidad, a pesar de la mentira que parecen decir y a fin de estimular a que se mire y se sienta al mundo con otros ojos; para descubrir en este lo que importa y es valioso, lo que nos ayuda a mejor regular nuestras limitaciones personales.[9]

Filoctetes, durante la guerra de Troya, quien se encuentra herido y le persuade con mentiras Odiseo – éste, ante aquél, se le presenta como ejecutor de la voluntad de Zeus – para que vuelva a combatir como al término lo hace y mata con su flecha a Paris, repara en que "la mentira no realiza la voluntad divina, sino que falsea a los mismos dioses, en tanto se los pone como excusa para el engaño".[10]

Esto último es, exactamente, lo que hace el fascismo contemporáneo – desde la acera neomarxista y las derechas extremas – y que bien describe Piero Calamandrei (1889-1956) como sufriente que fue de lo ocurrido en la Italia bajo Benito Mussolini. Su texto seminal[11] sobre el régimen de la mentira, cuyos párrafos repito con ánimo renovado por la actualidad de su crónica para el Occidente que emerge a partir de 1989, reza así:

> "La mentira política, que puede ocurrir en todos los regímenes al corromperse o degenerar, en el fascismo se la asume de forma sistemática como instrumento normal y fisiológico del gobierno", precisa don Piero. Luego agrega la esencia de lo que ausculta: "Es algo más profundo, más complicado, y más turbio que la mera ilegalidad… es el régimen de la indisciplina autoritaria, de la legalidad adulterada, de la ilegalidad legalizada, del fraude constitucional".

---

8   Hualde y Sanz, *La literatura griega y su tradición*, Madrid, 2008

9   Gonzáles y Romero, *Claves para la lectura del mito griego*, Madrid, 2021.

10   Gastaldi y Gambón, *Sofística y teatro griego*, UNS, 2006

11   Piero Calamandrei, *Il fascismo come regime della menzogna*, 2014

I.   FIDEL CASTRO Y EL FINAL DEL COMUNISMO

Este proemio, necesario, como astrolabio de las páginas siguientes es útil para diseccionar el discurso de Fidel Castro de 26 de julio de 1989, dicho en la Plaza Mayor de Camagüey a menos de cuatro meses de cristalizar el fracaso comunista o socialismo real, simbolizado en la caída del Muro de Berlín. Sus primeras carillas, que suman casi un centenar de párrafos, hacen dudar del autor y del objeto al que se refiere, pues mejor calzan con la realidad del primer mundo y este, en una suerte de esquizofrenia intelectual, las extrapola a la Cuba que gobierna.

Sucesivamente pasa a los anuncios – tras 30 años de revolución – que son promesas al boleo e hiperbólicas, situando la ominosa realidad que padecen quienes le escuchan en los predios del siglo XXI. Les habla de la transición verde que ya percibe en Cuba y es consigna entre los causahabientes del fracaso marxista: "Planteamos, incluso, la idea de aprovechar el estiércol de la enorme masa ganadera que estará alrededor de la ciudad – la que aún no come carne porque no le llega – para convertirlo en humus", dice. Y afirma que construirá allí, donde perora, 200 vaquerías por año.

Finalmente se pregunta, ante su audiencia, que desprecia al someterla a la dialéctica de sus engaños, lo más insólito, su deliberada pérdida de contacto con la realidad: "Quisiera saber si en Estados Unidos, por ejemplo, hay alguna unidad que se asemeje a esta; quisiera saber si en Europa, si en Francia, si en Holanda hay un tipo de organización integral de la producción de magnitud que se semeje a esta". Se refiere, justamente, a lo no que no existe y es la obra de su delirio: "Se está construyendo el más grande centro lechero del mundo", en Camagüey.

Al ir concluyendo, de vuelta a lo inevitable, le hace saber al pueblo reunido lo que este sabe y a diario le rasga sobre la piel: "A pesar de la sequía, cuyos daños serían realmente incalculables, esperamos mantener un nivel decoroso de producción azucarera [Cuba es azúcar, nada más]…, aunque, desde luego, mucho dependerá de lo que llueva en la parte final de este mes", agrega.

Acepta Castro, no obstante, que en la isla "vivimos un momento especial dentro del movimiento revolucionario mundial". Hay dificultades, dice, no sin quejarse del problema mayor para él y que mucho le irrita, "la euforia del imperialismo, la posición triunfalista del imperio". Habla de las dificultades en Polonia y en Hungría, planteando, desde entonces, un dilema: "Hay dos tipos de comunistas", "los que pueden dejarse matar fácilmente, ¡y los comunistas que no nos dejamos matar fácilmente", señalándose a sí.

Intima a Bush padre, presidente norteamericano, quien, a juicio del mismo Castro, cree que se desintegra el socialismo y por llevar – afirma – una política de guerra "contra los pequeños pueblos progresistas", entre los que suma a su heroica Cuba. "¡Cuba y la Revolución Cubana resistirán! Lo digo, y lo digo con calma, con serenidad y con toda la sangre fría del mundo … Nosotros no bromeamos", en su sentencia.

II. LAS NARRATIVAS DEL FORO DE SÃO PAULO Y EL GRUPO DE PUEBLA

He aquí, entonces, lo relevante con vistas al emergente relativismo cultural y el carácter sistemático que desde entonces adquiere la mentira, con efectos globales y en el plano de lo social y de la política, del Derecho y la justicia.

Desde el año anterior, este gran mentiroso de la historia del siglo XX que es Castro se planteaba "la transición socialista". Hablan los suyos de la "rectificación de errores y tendencias negativas". Mas la aporía no les abandona, pues la mentira sigue siendo el gran vector ideológico. Y es cuando afirman los tecnócratas del castrismo que "la voluntad y la acción organizada socialista en el poder tienen que abrirse paso mediante combinaciones de elementos del modo capitalista… y de elementos de un nuevo modo de predominio de la voluntad consciente y organizada sobre el "reino" mismo de la economía y sobre las demás esferas de la vida". [12]

Así que, tras la reedición de un Jano junto al líder del Partido de los Trabajadores de Brasil, Luis Inácio Lula da Silva, llegado 1990 crea Castro el Foro de São Paulo. Desde allí observa y analiza el "modelo de transición socialista" de Europa oriental y su crisis, y tal como consta en el documento fundacional y en el otro que adoptan ambos al año siguiente, en Ciudad de México, extraen para la forja de la "rectificación" "gattopardiana" que se proponen, como socialistas del siglo XXI, las siguientes líneas de acción:

(1) Presentar a la izquierda y al socialismo "como alternativas necesarias y emergentes", a pesar del lastre de siete décadas que pesa sobre ellas;

(2) condenar al capitalismo neoliberal y sus privatizaciones;

---

12   F. Martínez Heredia, *Rectificación y profundización del socialismo en Cuba*, 1989

(3) desnudar la "coartada" de la lucha contra el narcoterrorismo en tanto que mascarada para la militarización norteamericana de América de Sur, junto al rechazo de la "guerra andina contra el narcotráfico"; y

(4) avanzar a la conquista del poder por la vía electoral y luchar contra "las estructuras políticas en la que los electos tienen su capacidad de mandato recortada".

En otras palabras, sin renunciar a lo que siguen siendo – comunistas, como lo precisa el mismo Castro cuando se le pregunta por el socialismo del siglo XXI –no hablan más del pasado. Obvian el control de los medios de producción, mas, como lo demostrará la experiencia, seguirán persiguiendo a aquellos empresarios y comerciantes del capitalismo que no se les someten e insistirán, a la par, en que a ellos mismos se les perseguirá – otra vez jugando a la falacia – por lo que son, socialistas. Las alianzas con el narcotráfico y el beneficio de sus dineros, las presentarán como estratagemas de sus enemigos y experiencias de criminalización o judicialización de la política.

En fin, llegar al poder democráticamente es lo previsto, para luego, incidiendo en las Constituciones y las leyes, secuestrar los aparatos electorales y consagrar la reelección de los gobiernos que alcancen a detentar. Harán de esta un derecho humano, apelando a la Justicia controlada. Así, quedaría abierta, para lo sucesivo, otra falacia en las Américas, a saber, que el pueblo puede elegir, democráticamente, entre la libertad y la dictadura. Esta, pasados 30 años, será la tesis que esgrimirán China y Rusia como paso previo a la guerra contra Ucrania: "Corresponde únicamente al pueblo del país decidir si su Estado es democrático", reza la declaración adoptada por las dos grandes potencias.[13]

Entre tanto, unido al Foro de Sao Paulo el Partido de la Izquierda Europea, precisa y renueva como objetivos del socialismo durante el siglo corriente los siguientes:

(1) "Enfrentar el avance de las derechas y del fascismo", para sostener la polarización política; y

---

13   Joint Statement of the Russian Federation and the People's Republic of China on the International Relations Entering a New Era and the Global Sustainable Development, February 4, 2022

(2) defender el "derecho a la circulación de las personas", léase, acompañar al movimiento migratorio global como forma de controvertir las políticas "neocolonialistas, racistas y xenófobas" del Imperio.

No se trata, pues, de una lucha abstracta contra el capitalismo, sino de enfrentar de un modo agonal a quienes intenten frenar la vía hacia el constructo novedoso del socialismo progresista – que las experiencias de Bolivia, la misma Cuba, Nicaragua, y sobre todo Venezuela, muestran como de abierta pérdida del bienestar colectivo, salvo para la reducida estructura de burócratas que detentas el poder y sus aliados del sector económico financiero tradicional.

Se ha de demonizar al adversario, sea o no de derechas, llamándole fascista en otra aporía manifiesta, pues la esencia del fascismo, lo hemos dicho, es la del régimen de la mentira. Se le tacha de retrógrado por sostener los valores de la civilización judeocristiana que han de dar por agotada y cuyas raíces cabe fracturar, en línea con el catecismo gramsciano sustitutivo del Manifiesto Comunista. La cuestión, al cabo, es cultural y así se la ha de entender.

En igual orden, rebautizados a partir de 2019 con el adjetivo que usara Castro en 1989, el específico de «progresistas», los integrantes del Grupo de Puebla, causahabientes del Foro, al afinar sus propósitos arguyen otra vez la emergencia de un "proyecto político alternativo".

Revelan en su Manifiesto de 2021 como líneas un cúmulo de consignas movilizadoras de opinión, a fin de introducir – en línea con la tesis del quiebre cultural – confusión, incertidumbre, posesión ilusoria de la verdad, diría Platón: "Tú no haces sino confundirte tú, y confundir a los demás".[14] Ellas son, a la par, revelaciones del comportamiento que les es propio y trasladarán a sus enemigos:

(1) La denuncia de lo que llaman "golpes híbridos" contra los gobiernos "progresistas" de la región, precisándolos como parte de la iniciativa norteamericana de "guerra híbrida" que deben resistir y combatir;

(2) el renovado estímulo de la polarización que les útil, al denunciar "un crecimiento de la extrema derecha", entendida como lo opuesto al progresismo;

---

14   Javier Aguirre, *Dialéctica y filosofía primera*, 2015

(3) la predica de la "democracia sustantiva", la de resultados así sea a costa de sus elementos esenciales y formales, como el Estado de Derecho, que omiten en su discurso;

(4) atribuir a un "neofascismo conservador" la realización de "guerras jurídicas o *Lawfare* que afectan derechos elementales de líderes y lideresas del progresismo"; y

(5) afincados sobre la tesis del Buen Vivir y apoyados sobre las prédicas de Francisco, asumir la denuncia de la "cultura de los muros", reiterando el objetivo fijado por la izquierda europea del apoyo a las migraciones hacia el norte.

El corolario, como síntesis de lo vigente, salta a la vista. Se le endosan a los enemigos de derechas – sin mengua de que algunos de estos, como cultores de «dictaduras de bienestar» hagan otro tanto en oposición al progresismo – prácticas deleznables en toda sociedad decente; pero que los seguidores poblanos las inauguran al emprender el camino de la transición socialista, a saber, la de la «guerra híbrida» y su subproducto, el «*Lawfare*», casualmente forjadas desde Venezuela.

No hablan más los poblanos como lo hace el Foro, del enemigo que originalmente fuese el capitalismo neoliberal, sino del hombre y la mujer de derechas, ahora neofascistas y conservadores. Así facilitan la confluencia de esos dos términos en apariencia antitéticos, capitalismo neoliberal vs. progresismo, resolviéndose la aporía y abriéndosele camino cierto, como lo creen, a la tesis cubana de la "rectificación".

El capitalismo, como se sabe, se engulle las necesidades humanas, las licua y las transforma – siendo siempre las mismas – para sostener la avidez de satisfacciones materiales en medio de su postulada dictadura del bienestar; todavía más ahora, bajo presión de la gobernanza digital y sus algoritmos. Y, en igual plano, la cura de la insatisfacción, la urgente saciedad de la embriaguez que estaría suscitando la «civilización del tener» para hacer felices a los consumidores, de suyo intolerantes e inmediatistas, la toma en sus manos la resucitada tesis del Buen Vivir, compartida por los poblanos y el Papado.

Son respuestas, ambas, que sirven como terapia que no cura – he allí la otra forma del engaño sistemático – pero que sosiega, como la droga, a unas generaciones desasidas de seguridades por haber abandonado, presas de un complejo adánico, las raíces occidentales que las afirmaban y sostenían en pie. Tanto que, sobre ambos rieles, una y otra perspectiva se contentan con lo que prometen ante la insatisfacción democrática sobrevenida ambas perspectivas, construir "democracias sustantivas", léase dictaduras del siglo XXI que aseguren progreso si se las elige, aun a costa de la libertad y sin los balances de poder inherentes a la democracia.

III.   LA GUERRA HÍBRIDA Y LA JUDICIALIZACIÓN DE LA MENTIRA

Me detendré en los dos aspectos novedosos que son la síntesis actual del conjunto explicado e interesan a la cuestión de la judicialización de la mentira y de la participación política, a saber, los que son propios a Sao Paulo y a Puebla y los muestran como amenazas de terceros, de la derecha neofascista que combaten: La guerra híbrida y el *Lawfare* como una de sus modalidades.

La guerra híbrida – categoría reciente y de señalada factura militar norteamericana, que adquiere suceso comunicacional tras la guerra de Rusia contra Ucrania, animada por China con vistas a La Era Nueva – se caracteriza según sus teóricos "por la integración en tiempo y espacio de procedimientos convencionales con tácticas propias de la guerra irregular". Sostiene Guillem Colom Piella al respecto, lo siguiente:

> "Ambas ideas – una guerra irregular de creciente complejidad, magnitud, alcance y peligrosidad junto con una nueva concepción operativa fundamentada en el empleo integrado de fuerzas regulares e irregulares – sentarían las bases de la guerra híbrida, concebida ésta como una sofisticada forma de lucha característica de la Era de la Información que, fundamentada en las posibilidades que brinda la globalización y el libre acceso a las tecnologías avanzadas, se distingue por la combinación, en todos los niveles y fases de la operación, de acciones convencionales e irregulares, mezcladas éstas últimas con actos terroristas, propaganda y conexiones con el crimen organizado".[15]

No olvidemos, a tal efecto, la asociación inaugural de Castro, previa a la de Venezuela a partir de 1999, con el mundo del narcotráfico.[16]

---

15   Guillem Colom Piella, ¿El auge de los conflictos híbridos?, Instituto Español de Estudios Estratégicos, 120/2014

16   Infobae, "La historia secreta sobre la relación entre Fidel Castro y Pablo Escobar", 28 de noviembre de 2016; asimismo, Punto de Cuenta al

Lo cierto es que las tituladas guerras del siglo XXI encuentran asidero y explicación dentro de ese inédito ecosistema producto del «quiebre epocal» [17]inaugurado en 1989 – lo hemos dicho – al que se suma el agotamiento del socialismo real y lo caracterizan la tercera y la cuarta revoluciones industriales, la digital y la de inteligencia artificial. La virtualidad y la instantaneidad entierran a la lógica de la experiencia territorial e histórico temporal de las sociedades y de la organización del poder, desde sus orígenes más remotos. Es lo inédito y novedoso. Lo imaginario se sobrepone a la racionalidad de lo objetivo.

Por vía de efectos, la deconstrucción cultural, la liquidez en las ideas como lo señala Zygmunt Bauman[18], paradójicamente han hecho viable el sueño de Antonio Gramsci, marxista italiano que bebe en las fuentes del fascismo y cultiva el régimen de la mentira. El cemento de lo social no es la ideología sino la cultura, cuya destrucción ha de ser el objetivo eficaz de toda revolución, según este.[19]

Tres hitos fundamentales se me hacen presentes a propósito de los señalados conflictos híbridos. Uno, la acción deslocalizada del terrorismo islámico en 2001 sobre las Torres Gemelas de Nueva York – símbolos de las libertades económicas en el capitalismo – dejando sin asidero al Derecho internacional moderno.[20] El otro, que le precede de manera coetánea, la campaña de medios orientada a denunciar la pederastia en la Iglesia de Roma, casualmente el custodio de las raíces judeocristianas en Occidente.

No se olvide que 61 periódicos de California, en Estados Unidos, destapan sistemáticamente 2000 historias, hechos del pasado en su mayoría ciertos, pero suficientes para disparar sobre los sólidos de la catolicidad fracturándolos; ello, a pesar de que, en la investigación realizada por el profesor norteamericano Philip Jenkins "el 99,7% de los sacerdotes católicos nunca se han visto implicados en este tipo de comportamientos delictivos".

Lo de subrayar es la razón de esa direccionada virulencia mediática norteamericana, que la desnuda el caso del Boston Globe una vez como pasa de manos de editores católicos al New York Times, de clara alienación liberal y demócrata:

---

17   Asdrúbal Aguiar, *El «quiebre epocal» y la conciencia de nación*, 2023

18   Zigmunt Bauman, *Modernidad líquida*, 2001

19   Rafael Díaz-Salazar, *Gramsci y la construcción del socialismo*, 1993

20   Asdrúbal Aguiar, *Código de derecho internacional*, 3ª. Edición, 2021

"Martin Baron, había pedido al equipo investigar el problema de los abusos sexuales en la famosa Arquidiócesis Católica de Boston… Cuando Baron asumió como editor en el verano boreal de 2001, el Globe, como la mayoría de los diarios en todo el país, estaba perdiendo lectores… Aunque los periodistas del Globe podían objetar la contratación de una persona externa – "un hombre del Times", más encima – no podían decir que Baron no estaba cualificado".[21]

El tercer hito de la hibridez bélica en el siglo XXI está a la vista. Lo comenté en mi reciente exposición ante el Grupo IDEA al abordar la cuestión de la Gobernanza Digital.[22] Me preguntaba e interpelaba a mi audiencia sobre si ¿es razonable pedir de los israelitas y los palestinos, ambas víctimas de Hamás, mantenerse inermes – como lo reclamaba en 2005 el hoy expresidente español Rodríguez Zapatero – frente a actos de arbitraria desestabilización e inhumanidad ante la inacción del órgano de seguridad encargado de hacer valer la autoridad del Derecho internacional como Naciones Unidas? ¿Acaso no observamos el choque de relatos que avanza, aquí sí, a nivel global y sobre las redes, desde el instante en que se ejecutan los atentados terroristas contra los judíos? Se travisten los hechos y se exacerban los prejuicios. Lo que es más grave, tras el argumento falaz de la imparcialidad informativa se homologan la maldad absoluta con quienes luchan por sostener el sentido primario de la vida y las libertades. Esa es la guerra híbrida y sus *Fake News*.[23] Lo que es peor, el Sistema de Naciones Unidas, responsable del mantenimiento de la paz y seguridad internacionales y de asegurar como prioridad el respeto y la garantía universal de los derechos humanos se muestra como una falacia y desde su seno se deconstruyen sus categorías.

IV. El terrorismo de Hamas contra Israel y la Era Nueva

Me detendré sobre este último aspecto, por su significación terminal y por cuanto ocurre y se desplaza por sobre las aporías narrativas que han

---

21   "Reportear una Verdad Explosiva: Boston Globe y los Abusos Sexuales en la Iglesia Católica", Columbia University, CSJ-13-0050.0

22   VIII Diálogo Presidencial. Miami Dade College, 7 de noviembre de 2023

23   Sobre la cuestión, vid. Luis Almagro et al., *FakeNews, ¿amenaza para la democracia?*, 2020

venido construyendo de conjunto y deliberadamente, desde el emblemático año de 2001, China y Rusia, al objeto de hacerle decir a las normas del Derecho internacional vigente aquello que no dicen, reinterpretándolas regresivamente y con netos objetivos de orden geopolítico y de dominio en el plano de lo global.

El ataque terrorista de Hamás contra el pueblo judío del pasado 9 de octubre – una organización calificada como tal, como terrorista, no solo por Israel sino por Estados Unidos, la Unión Europea, el Reino Unido y otras potencias del mundo, y que en su primer día de acción inhumana in extremis dejó 900 víctimas mortales – hizo recordar, en el instante y antes de que se sobrepusiesen las distorsiones informativas por motivos ideológicos, el ataque de Al Qaeda contra Estados unidos del 11 de septiembre de 2001.

Uno y otro evento, qué duda cabe, tienen una significación cultural y geopolítica indiscutibles, son rupturistas del orden jurídico internacional contemporáneo y síntomas protuberantes del «quiebre epocal» ya mencionado y tras la emergencia deconstructiva de las revoluciones digital y de la inteligencia artificial. La caída del comunismo es apenas un evento, importante pero no determinante. No por azar y desde entonces la cuestión es planteada desde el ángulo del llamado «choque de civilizaciones», al que sigue, dentro de la ONU, el «Diálogo de civilizaciones» que frena la España gobernada por J.L. Rodríguez Zapatero, con su alianza contra Occidente, la llamada Alianza de Civilizaciones.[24]

Lo relevante y significativo es que la acción terrorista primera buscó derribar los símbolos del capitalismo desprestigiándolo, no sólo y como ocurre con todo acto de terrorismo y a partir del terror que siembra y se expande para empujar a sus víctimas hacia el terrorismo, sino para incidir y condicionar desde la virtualidad a toda la opinión pública global, cuando menos la occidental, ajena directamente a los hechos. Y la segunda, que ha lugar en las puertas de Occidente con el Oriente, busca mostrar la debilidad y decaimiento de uno de los reservorios fundamentales de la cultura judeocristiana. Se trata, desde este punto de vista, de otra escala en el quiebre que desde el mundo de las redes y en el marco de la sociedad atomizada de la sobreinformación que ha emergido, ha venido a significar el desmoronamiento que se busca de los sólidos romanos. La confrontación entre el Papado, el sínodo alemán de los obispos católicos, y la resistencia admirable

---

24   Vid. nuestro libro El «quiebre epocal»…, cit.

que ha lugar desde la Iglesia polaca, la del fallecido papa Juan Pablo II, es más que ilustrativa.

Pero más allá de esta digresión, el último hecho, tal como lo hicimos constar con anterioridad y en otro momento al evaluar el acto de agresión de Rusia contra Ucrania – también sobre el puente que une al Oriente con Occidente – revela, a todas luces, la situación de parálisis a la que ha llegado el Sistema de Naciones Unidas como garante del mantenimiento de la paz y la seguridad internacionales a partir de 1945.

La gravedad del ataque terrorista contra Israel – que la opinión pública y la misma ONU ha hecho mutar en su ominoso propósito, al objeto de mostrar con preferencia la desproporción de la reacción israelí en el ejercicio de su legítimo derecho a la defensa – ningún eco normativo ha concitado en los mismos órganos encargados de velar por la vigencia y efectividad del Derecho internacional.

Las resoluciones de la Asamblea General previas y posteriores a la acción terrorista y que es deconstructiva del Derecho internacional en vigor, entre septiembre y noviembre sólo se ocupan del bloqueo económico a Cuba, la construcción de un mundo pacífico a través del deporte, la concienciación sobre la distrofia de Duchenne, el desarrollo sostenible, en fin, acerca de cómo prorratear los gastos de la ONU. No hubo período de emergencia para la cuestión, como si lo hubo para considerar el asunto ucraniano, y tampoco un período extraordinario que se hubiese convocado para evaluar los atentados de Hamás y fijar las líneas de comportamiento esperadas de los Estados y la comunidad internacional en su conjunto.

El Consejo de Seguridad, a lo largo del mismo período apenas se ocupa de Haití, Libia, el Sahara Occidental, Sudán, entre otros asuntos, o se pronuncia sobre la seguridad en África. De forma oblicua, sólo el 15 de noviembre, tras un mes desde la dantesca representación de Hamás en su teatro de terror, adopta, como si fuese una medicatura forense, su resolución 2712, titulada "La situación en Oriente Medio, incluida la cuestión palestina".

Inaugura su texto homologando al terrorismo con el comportamiento de un Estado – en el caso Israel – una vez como declara que "que todas las partes en los conflictos deben respetar sus obligaciones en virtud del derecho internacional…". Y le basta y se basta a sí declarando estar preocupado: "Expresando profunda preocupación por la situación humanitaria en la Franja de Gaza y por sus graves repercusiones en la población civil, especialmente el efecto desproporcionado que tiene en la infancia, subrayando la necesidad urgente de un acceso humanitario pleno, rápido, seguro y sin trabas y destacando los principios humanitarios de humanidad, imparcialidad, neutralidad e independencia y la obligación de respetar y proteger al personal de socorro humanitario".

De suyo, no le anima al Consejo otra cuestión que el efecto aguas abajo del desencadenamiento de la violencia a raíz de la grave acción terrorista desplegada, a saber y como lo refleja en su resolución, encomiar "los esfuerzos que vienen realizando varias instancias regionales e internacionales, así como el secretario general de las Naciones Unidas, para hacer frente a la crisis humanitaria y la crisis de los rehenes".

Al cabo, he aquí lo grave, la decisión del Consejo de Seguridad se reduce a lo antes dicho, a la homologación entre un Estado y un movimiento terrorista sin estatuto de beligerancia reconocido, léase, asimila a las víctimas con el victimario tirando por la borda el mundo de legitimidades y subjetividades que son propias del Derecho internacional y del Derecho internacional de derechos humanos; al menos el que se construyó sobre la tragedia del Holocausto y fue justificativo del régimen «onusiano» en vigor. Sin mencionarlas expresamente, quedando sobreentendidas, lo resuelto "exige que todas las partes cumplan sus obligaciones en virtud del derecho internacional, incluido el derecho internacional humanitario, en particular respecto de la protección de los civiles, especialmente los niños".

No cabe duda en cuanto a que, sobre todo China y la Federación de Rusia, como miembros permanentes con derecho a veto dentro del Consejo de Seguridad han tenido en sus manos este proceso de ralentización y sucesiva deconstrucción en el Derecho internacional vigente, afectándolo en su eficacia, sobre todo en el plano humanitario y de los derechos humanos; lo que queda en evidencia una vez como informan a la Asamblea General y al Consejo de Seguridad de la ONU sobre texto suscrito por ambos Estados el 15 de mayo de 1997 (A/52/153 y S/1997/384) acerca de "la creación de un nuevo orden internacional". Se asumen como responsables ante la comunidad mundial de asegurar la "interacción estratégica en el siglo XXI". Y la visual, al respecto, cambia de modo sensible con relación al orden existente y con vistas – reza el texto – al "establecimiento de un nuevo orden internacional"; de suyo, por estratégico, anudado a la cuestión del poder y desasido del carácter ordenador y de orden público internacional que tienen el principio *pro homine et libertatis* y la condena efectiva del terrorismo, más allá de lo coloquial.

Cabe observar y detenerse en esto último, pues el compromiso de sujetar al poder soberano cada vez que se comprometa el respeto y la garantía universal de los derechos humanos tiene su fuente en la Carta de San Francisco y se mineraliza con la adopción, en 1948, de la Declaración Universal, que es interpretación auténtica de aquella. Y si cierto fue que a raíz de la creación de la UNESCO y de la Comisión de Derechos Humanos que redactaría dicha declaración, se tuvo presente la cuestión central, a saber, ¿cómo sería posible lograr acuerdos prácticos comunes, sin renunciar a las particularidades de toda cultura, y sin imponer una concepción ius filosófica concreta?, al cabo, como lo dijo Jacques Maritain ante la misma UNESCO, en 1947, "el acuerdo entre sus miembros sólo podrá alcanzarse espontáneamente, no sobre nociones especulativas comunes, sino sobre nociones prácticas comunes; no sobre la afirmación de una concepción semejante del mundo, del hombre y del conocimiento, sino sobre la afirmación de una misma serie de convicciones en relación a la acción. Desde luego que esto es muy poco; pero es en verdad el último refugio del acuerdo intelectual sincero entre los hombres", señala.

La concepción común, como lo aclara el mismo Maritain no excluía lo que al término se acepta por los Estados miembros de la ONU al aprobarse la Declaración Universal, a saber, el acuerdo sobre una escala de valores-clave para ejercer los derechos humanos proclamados.[25]

A propósito de la Declaración Conjunta adoptada el 4 de febrero de 2022 – próximo el inicio de la guerra de agresión contra Ucrania – los gobernantes de las potencias arriba citadas, Xi Jinping y Vladimir Putin, hacen constar sus adhesiones al sistema de Naciones Unidas y le dan realce y significación para el tiempo posterior, para la Era Nueva; pero se trata de una mera formalidad, usada para empujar la deconstrucción del orden público internacional posbélico. Lo demuestra de manera palmaria la parálisis del Consejo de Seguridad de la ONU que, así como no pudo condenar el acto de agresión contra Ucrania – lo hará luego la Asamblea General – tampoco pudo hacerlo frente a la acción terrorista de Hamas contra el Estado de Israel.

---

25   P. Pallares Yabur, *Un acuerdo en las raíces. Los fundamentos de la Declaración Universal de Derechos Humanos: De Jacques Maritain a Charles Malik*, UNAM, 2020

Por una parte, subrayan Rusia y China que, como potencias mundiales y miembros permanentes de Consejo señalado, tienen la intención de adherirse firmemente a sus "principios morales" – que sólo serían eso para una y otra – y defender firmemente el sistema internacional con el papel central "de coordinación" de Naciones Unidas en los asuntos internacionales. Mas el caso es que el régimen jurídico internacional vigente a partir de 1945 no es de mera coordinación o yuxtaposición entre los Estados, como si lo fue el de la Sociedad de Naciones, de donde mal pudo esta impedir a la Segunda Gran Guerra del siglo XX.

El régimen internacional nacido de esta, justamente, contiene o limita la mera coordinación entre voluntades soberanas y enfrena a los derechos nacionales y domésticos en aquellos aspectos que puedan comprometer la paz y la seguridad internacionales y el respeto y garantía universales de derechos humanos; y a sus normas sobre estas cuestiones vitales, por ende, se las considera imperativas y de efectos *erga omnes*.

El documento sino-ruso es al efecto elocuente, a pesar su abierta condena al nazismo, entiéndase, al Holocausto, que no lo menciona. Precisa que son "amenazas a la paz y la estabilidad global y regional y socavan la estabilidad del orden mundial", antes bien, los intentos – se entiende que procedentes de Occidente – que ven de inaceptables, como "el abuso de los valores democráticos y a la injerencia en los asuntos internos de estados soberanos bajo el pretexto de proteger la democracia y los derechos humanos". Los reinterpretan, cabe repetirlo, como "nobles objetivos" que deben protegerse "de acuerdo con la situación específica de cada país y las necesidades de su población". Tanto que, el desiderátum termina en el absurdo: "Sólo depende de la gente de cada país decidir si su Estado es democrático" o no. Eso lo adelantaron Rusia y China en su referida declaración de 1997: "Cada estado tiene el derecho, según su situación concreta, de escoger su propio camino… y los sistemas de valores no deben convertirse en obstáculos…".

Así las cosas y en el marco de tal regresión estructural en el sistema internacional y su ordenamiento jurídico, postulan las dos potencias, en el Tratado de buena vecindad, de amistad y de cooperación que suscriben, sucesivamente, en 2001, que, afirmada como sea la defensa de la unidad del Estado y de la integración territorial – piénsese en Taiwán o en Ucrania – "no participarán de alianza ni bloques" y se "comprometen a asegurar su propia seguridad y se fundan en el principio de suficiencia razonable de armamentos y de fuerzas armadas". Se trata, en suma, de un peligroso espectro, muy conocido y de trágica memoria.

Antes de emerger la Sociedad de Naciones, al término de la primera guerra del siglo XX y con características próximas a las de la Era Nueva que postulan China y Rusia para el siglo XXI, la Sociedad Americana de Derecho Internacional prevenía sobre el fracaso demostrado de la atomización de la seguridad internacional dentro de un esquema de Estados yuxtapuestos por razones sea políticas, ideológicas o culturales, abroquelados por la idea de sus soberanías absolutas y en una apuesta al azar al equilibrio de las fuerzas: "Yo espero que no regresaremos, en el sentido militar, al terminar esta guerra, a un equilibrio de fuerzas, ni siquiera en el sentido legal; sino que de ella surgirá una preponderancia de fuerza que pueda mantenerse y defenderse materialmente y sentar reglas de conducta internacional que sean acatadas por la mayor parte de la humanidad", sostuvo David Jayne Hill (1850-1932), académico y diplomático, quien fue embajador de Estados Unidos en Alemania. La lección sólo se aprendió cuando el mal absoluto alcanzó a entronizarse, a partir de 1939.

Putin y Xi Jinping, en suma, saben bien – lo señalan Rusia y China en la declaración que firman el primero y Hu Jintao en 2005, para trazar las líneas sobre el orden internacional en el siglo XXI, que el proceso para el establecimiento de orden nuevo al que aspiran "es complicado y largo" y se presentan "fenómenos de desequilibrio y contradicciones en el proceso". Ellas siguen en pie.

Aun así, insisten en que los asuntos de cada país deben ser decididos por sus propios pueblos, y los del mundo "mediante diálogos y consultas", regidas, en el marco de Naciones Unidas, por el "principio de unanimidad", léase, por la sustitución de la actual aristocracia mundial por un modelo diferente de «vetocracia»; mismo que aseguraría, aquí sí, el final del orden jurídico y político internacional ya declinación como lo predica Koskenniemi[26], al estar relativizando, con carácter regresivo, la primacía de la libertad y los derechos de la persona humana por sobre las relaciones geopolíticas y de poder.

En su más reciente Declaración Conjunta de 2023, sobre la profundización de la asociación de coordinación estratégica integral entre China

---

26   Martti Koskenniemi, *Il mite civilizzatore delle nazioni: Ascesa e caduta del diritto internazionale 1870-1960*, 2012

Rusia para la Nueva Era, hace constar estas, ante la posibilidad de un plan de paz con Ucrania, que se "deben respetar las legítimas preocupaciones de seguridad de todos los países, prevenir la confrontación entre bloques y evitar avivar las llamas"; por lo que se oponen "a cualquier sanción unilateral no autorizada por el Consejo de Seguridad de la ONU"; lo que resulta obviamente ilusorio.

Insisten en lo central y deconstructivo, es decir, que "los diferentes países tienen historias, culturas y condiciones nacionales diferentes, y que todos tienen derecho a elegir su propio camino de desarrollo. No existe una democracia" superior", es la conclusión. Es la banalización, tras el imperio del relativismo y el regreso al paradigma westfaliano[27], de la milagrosa forja por la Humanidad, a un costo inenarrable, del paradigma ético global de los derechos humanos, sólo realizables como experiencia práctica dentro de la tríada que forman con la democracia y el Estado de Derecho. Del último, a la sazón, no consta referencia sustantiva alguna, ni en los documentos de São Paulo, de Puebla, ni en los de la ONU-2030 sobre Desarrollo Sostenible y tampoco en los del Gran Reinicio de Davos,[28] que se aproximan a los últimos.

V. VENEZUELA, LABORATORIO DE LA GUERRA HÍBRIDA

Debo decir seguidamente, volviendo al núcleo de nuestra exposición, que el germen de la guerra híbrida o asimétrica y su marca de fábrica – salvo la cuestión particular del *Lawfare* o la judicialización del enemigo – es de neto origen venezolano. Precede al trabajo del Pentágono, de 2005.[29]

Tras el referendo revocatorio de 2004, que el Centro Carter le quita a la oposición en Venezuela para moderar a Chávez, éste, antes bien, anuncia

---

27   "[A]l término de la Guerra de los Treinta Años (1618-1648), en los Tratados de la Paz de Westfalia, que, al mismo tiempo, representaron el inicio de la moderna sociedad internacional asentado en un sistema de Estados [ha lugar a] «la plena afirmación del postulado de la absoluta independencia recíproca de los diferentes ordenamientos estatales»". Cfr. Marsilio Toscano Franca Filho, "Historia y razón del paradigma westfaliano", 2006

28   Klaus Schwab, Thierry Malleret, *Covid-19, El Gran Reinicio*, 2020

29   The National Defense Strategy of The United States, mars 2005 (https://slate.com/news-and-politics/2005/04/legal-combat.html)

en noviembre "La Nueva Etapa, El Nuevo Mapa Estratégico de la Revolución Bolivariana". Abordo sus contenidos en libro de mi autoría.[30]

Al margen de su realidad o irrealidad, en líneas gruesas y precisas plantea Chávez la guerra asimétrica, que es internacional y también interna o endógena. Al referirse a La Nueva Estrategia Militar Nacional impone como tareas para la Fuerza Armada una mayor relación con las "misiones sociales" cubanas y una mejor relación "con fuerzas armadas amigas" en Latinoamérica.

Advierte sobre la necesidad de prepararse para abandonar los métodos convencionales y aprender de "la experiencia de la lucha guerrillera" con asistencia de exguerrilleros venezolanos. El teatro de operaciones se concreta en "las acciones defensivas en la zona fronteriza con Colombia (...) por la implementación del Plan Colombia", según reza el documento presidencial.

La Nueva Etapa manda a "educar a la población en los principios militares de disciplina, amor a la patria, y obediencia". Promueve la unidad cívico-militar "para acciones de seguridad" o, mejor todavía, "la incorporación del pueblo a la defensa nacional a través de la reserva militar". Pide Chávez a sus alcaldes, expresamente, identificar a los "patriotas" que venidos del pueblo han de hacer parte de la reserva, según que uno sea "tirador de fusil", "francotirador", o "lanzador de granada". Ya contaba, según lo dice, con 100.000 hombres.

Al plantear la guerra asimétrica – que la proyecta híbrida una vez como pacta su acuerdo logístico con la narcoguerrilla de las FARC en 1999, sumándole el control de los medios de comunicación social para imponer sus narrativas, y encomendándole a Cuba la instalación y control del andamiaje digital necesario para tales fines y al objeto, asimismo, de sujetar la data electoral – afirma Chávez lo siguiente: "Hace tres años atrás éramos Cuba y Venezuela, a nivel de gobierno, y ahora cómo ha cambiado la situación". Y prosigue:

"Se han venido definiendo dos ejes contrapuestos, Caracas, Brasilia, Buenos Aires (...) sobre el cual corren vientos fuertes de cambio (...) [y que] el Imperio – es su criterio – va a tratar de

---

30   Asdrúbal Aguiar, *El Problema de Venezuela*, (III. Se entroniza el socialismo del siglo XXI), 2016

debilitarlo siempre o de partirlo, incluso". "Existe el otro eje, Bogotá - Quito - Lima - La Paz - Santiago de Chile, (...) dominado por el Pentágono". "[L]a estrategia nuestra debe ser quebrar ese eje", dice.

La forma de hacerlo como guerra híbrida la explica Chávez así, en sus láminas:

"Desarrollar una estrategia de divulgación e información hacia los EE.UU. para neutralizar elementos de acción imperial contra Venezuela" y crear "grupos de formadores de opinión, comunicólogos e intelectuales para contribuir a conformar matrices de opinión favorables al proceso". "[U]tilizaremos todas las estrategias posibles, desde una estrategia de defensa móvil frente al gigante hasta el ataque. No está prevista la invasión a los Estados Unidos, …", indica, ya que su guerra, como se constata, es híbrida.

VI.   La práctica política del Lawfare

Mis palabras preliminares en el Diálogo presidencial citado me sirven para precisar la otra cuestión, la del *Lawfare* e ilustrarlo con casos emblemáticos, pues la considero central a lo que ya denunciara Calamandrei como propio del fascismo: "Entre la burocracia de la ilegalidad y la de la legalidad no hay antítesis, sino una alianza secreta, una especie de vicaria reciprocidad; tanto que para entenderla a esta y a su régimen no se le debe pedir explicaciones a una sola de aquellas, pues es necesario buscarlas en el punto en el que se encuentran a mitad de camino la legalidad y la ilegalidad". No es otra la cuestión, volviendo al principio de nuestra argumentación, que la de la mentira que falsea o manipula a la verdad, usándosela como burladero para el engaño y el sometimiento.

En el caso de los socialistas progresistas fueron públicos y notorios los escándalos de corrupción, hechos máximas de la experiencia bajo sus gobiernos, que dieron lugar a los enjuiciamientos de los gobernantes del Foro en América Latina, Rafael Correa, Cristina Fernández de Kirchner, y Lula da Silva. Al primero y al último se les procesó por los sobornos de la Odebrecht, que desde Brasil contaminó a los gobiernos del mismo Ecuador, Colombia, México, Perú, Venezuela, entre otros. Sus dineros corruptos alcanzaron a políticos, empresarios y funcionarios de 12 países. En tanto que, en el caso de la Kirchner, median sus operaciones de lavado de dineros a través de empresas familiares y el encubrimiento de los iraníes autores del atentado contra AMIA en Buenos Aires, sumado al asesinato del fiscal de la causa, Alberto Nisman.

A Evo Morales se le juzga por los asesinatos de dos húngaros y un irlandés torturados en Santa Cruz de la Sierra, en 2009. Los casos fueron conocidos por la Comisión Interamericana de Derechos Humanos y Morales, en video registrado acepta haber informado a Castro y a Chávez que él dio la orden del operativo policial contra unos extranjeros que preparaban un atentado terrorista.[31]

Todos a uno los defiende el Grupo de Puebla.

"El Grupo de Puebla se solidariza con la vicepresidenta de la República de Argentina, Cristina Fernández de Kirchner, ante el vergonzoso ataque político, vestido de fallo judicial, proferido en su contra, que abre un nuevo capítulo de la guerra jurídica (*Lawfare*) que se ha venido desarrollando en la región contra dirigentes progresistas como Luis Inácio Lula da Silva en Brasil, Evo Morales en Bolivia y Rafael Correa en Ecuador", reza el comunicado de 7 de diciembre de 2022.

Recién se les suma, desde España, el negociado de una «autoamnistía» –violatoria de los principios del Derecho internacional de derechos humanos – con los condenados judicialmente por atentados contra la democracia y el orden constitucional – caso JUNTS – para asegurarse, Pedro Sánchez, su investidura como presidente. Y aquellos hablan de ser sólo víctimas de un *LawFare*, cuya definición actual, según la refiere el medio que hace crónica al respecto, es el "uso de acciones legales para causar problemas a un oponente", de acuerdo con el *Cambridge English Dictionary*"; si bien se proponen, según lo indica el rotativo citado, "el uso de otras expresiones, como "persecución judicial", "instrumentalización de la Justicia" o "judicialización de la política".[32]

A todas estas, la Corte Internacional de Justicia le ha abierto juicio a las autoridades de facto en Venezuela, exactamente, por la práctica del

---

31   Infobae, "Juicio contra Evo Morales por un triple homicidio aún impune en Bolivia", 26 de septiembre de 2022

32   El Mundo, Madrid, 10 de noviembre de 2023

Lawfare llevado al extremo, al punto de haber cristalizado en la comisión de crímenes de lesa humanidad: "encarcelación u otra privación grave de la libertad física", incluyendo "tortura", "violación y/u otras formas de violencia sexual" y "persecución de un grupo o colectividad con identidad propia fundada en motivos políticos", según reza lo argumentado por el Fiscal ante la Corte, Karim Khan.[33]

Lo revelador es que no se trata, a diferencia de los casos mencionados y en oposición a los de la titulada derecha neofascista y conservadora, de cuestiones o persecuciones que hagan estricta y directa relación con la criminalidad común. Sus judicializaciones, por lo general y admitiéndose las excepciones, ofrecen como denominador común a las actividades políticas que luego mudan o mutan, bajo conveniencia, en delitos perseguibles. Todos, al igual que los anteriores, afectan la actividad política de los perseguidos.

Veamos los ejemplos, dentro del ambiente de dominante prostitución de la política y la experiencia de la democracia que viene siendo promovida, con fines de poder y a través de la deconstrucción de los sólidos culturales, por el progresismo. Es una máxima de la experiencia, que no le resta, como cabe reiterarlo, algo de certidumbre a las medias razones que, sin propósitos de creación literaria, "sirven de excusa para el engaño" político por parte de los victimarios.

Al expresidente Miguel Ángel Rodríguez, con el que se inicia la zaga del *LawFare* en América Latina, se le acusa de corrupción en 2004 mientras inaugura su ejercicio como secretario general de la OEA, debiendo renunciar al efecto; no obstante que, hubo de esperar hasta 2022 para que se le cerrase el último de los procesos abiertos en su contra, caracterizados por la evidente persecución y denegación de justicia incubadas por móviles políticos desde Costa Rica.

Acaso abonaba a ese respecto la adopción por el organismo hemisférico, en 2003, "un nuevo concepto de seguridad hemisférica que amplía la definición tradicional de defensa de la seguridad de los Estados a partir de la incorporación de nuevas amenazas, preocupaciones y desafíos, que incluyen aspectos políticos, económicos, sociales, de salud y ambientales."[34]

---

33   Human Rights Watch, "La Corte Penal Internacional abre investigación sobre Venezuela", 3 de noviembre de 2021

34   Gaston Chillier y Laurie Freeman, "El Nuevo Concepto de Seguridad Hemisférica de la OEA: Una Amenaza en Potencia", *Informe WOLA*, 2005

El mismo Chávez controvierte con la OEA, luego de la adopción de la Carta Democrática Interamericana de 2001 y hasta la acusa de haber estado tras el golpe militar que se le dio en 2002.[35]

En 2017, fue llevado a juicio el expresidente conservador Nicolás Sarkozy, acusado de haberse excedido en los gastos legalmente autorizados "durante su fallido intento de reelección den 2012". La empresa de relaciones públicas que le asistió, Bygmation, le cobro sus servicios al partido y no a la campaña, como debía ser (*BBC News, El País*).

En 2021, se le abre juicio al expresidente Mauricio Macri "por presunto espionaje ilegal" y por haber sido responsable del seguimiento a los familiares de las víctimas del 'ARA San Juan', el submarino hundido en 2017 con 44 tripulantes a bordo; luego de lo que, sucesivamente y cumplido el efecto de opinión pública, fue sobreseído.

Al presidente del gobernante partido Conservador británico, Nadhim Zahawi, le fue abierta en enero de 2023 una investigación por el primer ministro, Rishi Sunak, a propósito de facturas fiscales y multas que pagó con motivo de sus acciones en una empresa de encuestas que fundó, la You-Gov. (*AP, Barron's*).

Entretanto, luego de que el New York Times reconociese que "George Soros hizo una donación a un grupo liberal que respalda a los fiscales progresistas" y "una parte significativa fue para apoyar al fiscal Alvin Bragg", aspirante a gobernador de Nueva York, quien "le tomó las huellas digitales a Donald Trump", en causa paralela se le atribuye haber conspirado para alterar los resultados electorales de 2020 en Estados Unidos (Panam-Post, *Barron's*).

Desde 2022, tras lo que se ha denominado una conspiración, se le sigue juicio a la exgobernadora y exsecretaria de Justicia de Puerto Rico, Wanda Vásquez Garced, de derechas, en el caso Vásquez, Rossini, Herrera Velutini, acusada de aceptar una donación a su campaña que no fue tal, sino el haberse beneficiado de una encuesta política contratada por el señalado banquero venezolano (*Diario Las Américas, Telemundo*).

Jair Bolsonaro, expresidente de Brasil, enfrenta juicio desde enero de 2023 por abuso de poder, es decir, por haber denunciado un probable fraude electoral y socavar con ello las elecciones de 2022, bajo riesgo de

---

35   https://www.oas.org/es/centro_noticias/discurso.asp?sCodigo=04-0056

quedar inhabilitado para una eventual reelección (*New York Times, El País, France 24*).

La Fiscalía de Paris, a su turno, anunció el pasado septiembre de 2023, haber solicitado el procesamiento de Marine Le Pen, líder de la extrema derecha y a 27 dirigentes de su partido, Reagrupamiento Nacional (RN) por el uso de los sueldos de sus asistentes en la Eurocámara "para que trabajaran para el partido en Francia" (*La Vanguardia, SwissInfo*).

Y en Guatemala, al presidente y la vicepresidenta electos, Bernardo Arévalo de León y Karin Larisa Herrera A. – apoyados, paradójicamente, por las corrientes globales en pugna – se les ha judicializado, con el palmario propósito de inhabilitar la manifestación soberana de los guatemaltecos ya expresada en elecciones libres; obviándose, como lo ha expresado el Grupo IDEA, "que el acceso al poder y su ejercicio conforme al Estado democrático y constitucional de Derecho es un elemento esencial de la democracia y una garantía que no puede ser burlada a través de actos de fraude y manipulaciones de la ley".[36]

La Argentina de Kirchner, a todas estas, insiste en que el peligro del *Lawfare* es obra de sus opositores, la derecha neofascista, sin mengua de que acepta sus efectos ominosos para la democracia, sobre todo para el sostenimiento de la tríada democracia-estado de Derecho-derechos humanos:

> "Se ha insistido, por lo tanto, en el carácter violatorio de derechos fundamentales de las prácticas de *Lawfare*, perpetradas por sectores del Poder Judicial en conjunto con actores económicos de peso, especialmente los grupos hegemónicos de comunicación y miembros de partidos políticos opositores. Se han señalado también los efectos de estas lógicas, que se extienden más allá de las personas directamente afectadas para proyectarse en el conjunto de la sociedad", reza un comunicado de la secretaria de Derechos Humanos del gobierno recién fenecido de Alberto Fernández.

VII. Gobernanza de redes y control de los jueces

Hagamos y una relectura de lo explicado hasta aquí, al objeto de poder concluir.

---

36   https://idea-democratica.org/declaraciones (18 de noviembre de 2023)

Las rupturas constitucionales – obra de constituyentes – en las que avanzaron Venezuela (1999), Bolivia (2007) y Ecuador (2008), encontraron como primer objetivo – indispensable para la forja de las falacias políticas – la adopción de leyes de contenidos para controlar el debate libre y así poder forjar hegemonías comunicacionales de Estado. Se trataba de instalar al régimen de la mentira, y los medios de información se les revelaban de cruciales, eran el primer muro de superar en el camino.

Ha jugado a favor de todo ello, exactamente y como cabe repetirlo, la emergencia de las señaladas tercera y cuarta revoluciones industriales – que siendo inevitables reducen a la autonomía personal – por apuntar a la disolución de lo institucional y por estar dirigidos sus algoritmos a las formas de mediación directa y al mundo individual de los sentidos. En nombre de la libertad, así, declinan la libertad de pensar, de discernir, de razonar, de reunirse y expresarse e informarse con libertad, y de distinguir y poder decidir cada persona entre lo correcto e incorrecto, entre la maldad y sus mentiras y el bien común; emergiendo, antes bien, expresiones de intolerancia positiva y exclusiones recíprocas entre la miríada de nichos o parcelas humanas en las que se han fracturado nuestras sociedades.

Desde inicios del corriente siglo quedan como ejemplaridades que destruyen todo sentido de seguridad personal y en los proyectos de vida, la destitución de todos los jueces en Venezuela sin fórmula de juicio y su sustitución a partir de 1999 por abogados próximos al naciente régimen dictatorial de Hugo Chávez.

Antes, bajo el gobierno del presidente Fujimori en Perú, en 1997, ocurre la destitución de los magistrados del Tribunal Constitucional quienes intentan impedirle su reelección, a cuyo efecto aquél denuncia la Convención Americana de Derechos Humanos. Y su precedente, el de la permanencia en el poder como esgrimido derecho humano político de cada gobernante, toma cuerpo a lo largo de los 20 años posteriores en la misma Venezuela (2007 y 2013), en Nicaragua (2011), en Honduras (2016), en Bolivia (2018), en El Salvador (2021), al punto que hubieron de pronunciarse en contra de esa tendencia la Comisión de Venecia (2018) y la Corte Interamericana de Derechos Humanos, para salvar el principio de la alternabilidad democrática.

Cuenta, asimismo, el abierto desconocimiento del orden constitucional y de las decisiones del Tribunal Supremo por parte de algunos líderes políticos catalanes en España; el choque del ahora expresidente argentino con la Corte Suprema de Justicia de la Nación, a la que busca doblegar por la condena penal de su vicepresidenta; la inestabilidad endémica en el Perú, con relajamiento del orden constitucional, comprometiéndose la neutralidad e imparcialidad de la Justicia; los empeños "destituyentes" en el Ecuador bajo el gobierno de Guillermo Lasso, animados por otro condenado de la Justicia, Rafael Correa; el despotismo primitivo e iletrado de Nicaragua, en donde hay absoluta ausencia y desmaterialización del Estado Constitucional de Derecho; las prisiones políticas en Bolivia, y en Venezuela, donde igualmente fracasa la Transición hacia la Democracia, mientras la comunidad internacional se rezaga y neutraliza respecto de esta.

En fin, como si el absurdo no faltase, en Colombia se sustituye la regla contra la impunidad de los crímenes de lesa humanidad, incluidos los del narcoterrorismo que se le asociaran, con otra regla, la de la «justicia transicional» que los perdona; o, recién se predica que la criminalidad se acaba derogando tipos criminales en el código penal, tanto como se pugna abiertamente desde el gobierno contra la Fiscalía y la Corte Suprema, anunciándose una reforma al Poder Judicial.

Entre tanto, desde El Salvador, se dice que han acabado con la criminalidad y con "mayoría parlamentaria" gubernamental se destituye a la Justicia Constitucional que controlaba los actos del presidente, y se crean y muestran verdaderos campos de concentración con detenciones indiscriminadas. Y en México, el gobierno federal estimula reformas constitucionales para controlar la ingeniería electoral y modificar los patrones de la representación política a fin de perpetuar el dominio suyo y de su partido.

Lo relevante, a todas estas, es que, por una parte, a través del control gubernamental de la Justicia se ha estado judicializando a la política y al efecto, de suyo, el hacer que las leyes digan lo que no dicen para perseguir al enemigo (*Lawfare*). Mientras que, por la otra, la agenda del Foro de Sao Paulo como la del Grupo de Puebla señaladas, y además la de la ONU 2030, ni inciden sobre el debate de la democracia – que no sea para deconstruirla desde adentro, en nombre de la participación popular y apuntando hacia un estadio de posdemocracia o de autoritarismos electivos – y menos le dan relevancia al Estado de Derecho.

De tal suerte que las dictaduras del siglo XXI, forjadas a través de mecanismos constituyentes, al cabo se han demostrado como espacios de impunidad a disposición de nuevas dictaduras y, lo que es más grave, del crimen transnacional organizado que, en simbiosis con la corrupción política, ahora usan como instrumentos de su lucha por el poder al sicariato, como lo revela la reciente tragedia del asesinato de un candidato presidencial en Ecuador y tal como se practica abiertamente en México, para eliminar líderes políticos y periodistas incómodos.

VIII. LA LEGALIZACIÓN DE LA ILEGALIDAD

Por vía de recapitulación y actualizando las advertencias de Calamandrei – sobre "la legalidad apoyada sobre la ilegalidad, mejor aún la ilegalidad no de hecho sino de Derecho" – cabe decir que es esto lo que se constata y es hoy lo diferente de las revoluciones y dictaduras clásicas, que saben separar claramente el mundo de lo legal de la ilegalidad de facto durante una transición, mientras se construye otra, la nueva. No por azar, dada la hibridez que observa el eximio jurista italiano, se puede afirmar ahora que el *Lawfare* es una clara variable de la guerra híbrida, el hacer ver como Derecho a su violación sistemática, confundiéndose deliberadamente y a través de la perturbación del lenguaje político y jurídico al juicio o la opinión del ciudadano.

En la mayoría de los países en los que se han instalado las dictaduras del siglo XXI, mientras se apresuran a reformar las Constituciones para asegurarse lo anunciado desde 1989 – controlar los mecanismos electorales para asegurar la permanencia en el ejercicio del poder de quienes lo conquistan, dándose lugar a dictaduras electivas – el primer objetivo ha sido lo ya indicado, el tomar a mano y sujetar a los jueces. Así ocurrió en 1999, al inaugurarse en Venezuela el socialismo del siglo XXI – llamado bolivariano – cuando la Asamblea Constituyente removió a todos los miembros del Poder Judicial y designó a dedo "jueces provisorios", y así ha ocurrido recién en El Salvador, cuando a través de una mayoría circunstancial de legisladores, afectos al gobierno, destituyeron a la Justicia Constitucional que controlaba los actos de este.

El modelo de hibridez en el Derecho, emergido y en cuestión, lo había preanunciado el juez Sergio García Ramírez, ante la Corte Interamericana de Derechos Humanos que integraba y de la que fue presidente, en estos términos:

"Para favorecer sus excesos, las tiranías "clásicas" – permítaseme calificarlas así – que abrumaron a muchos países de nuestro hemisferio, invocaron motivos de seguridad nacional, soberanía, paz pública. Con ese razonamiento escribieron su capítulo en la historia. En aquellas invocaciones había un manifiesto componente ideológico; atrás operaban intereses poderosos. Otras formas de autoritarismo, más de esta hora, invocan la seguridad pública, la lucha contra la delincuencia, para imponer restricciones a los derechos y justificar el menoscabo de la libertad. Con un discurso sesgado, atribuyen la inseguridad a las garantías constitucionales y, en suma, al propio Estado de Derecho, a la democracia y a la libertad". [37]

Pero no basta, como asimismo se ha demostrado, controlar a los jueces o a parte de ellos, a fin de que acaso digan lo que no dicen las leyes reinterpretando sus términos y contenidos al objeto de perseguir al adversario político, sino que, en ese paso siguiente que revela Calamandrei – la constitución de la ilegalidad a través del Derecho formal y/o de su desviada exégesis – ocurre lo que revela un juez argentino al servicio del socialismo-progresista:

"El derecho penal verdadero no se descuartiza sólo por las invenciones disparatadas de las minorías del mundo judicial, sino que muchas veces comienza a hacer agua por disposiciones legales que facilitan la selección arbitraria por parte, no sólo de estas minorías, sino por cualquier interés coyuntural".[38]

Eugenio Raúl Zaffaroni, quien a la sazón hizo parte de la Corte Suprema de la Nación argentina y, asimismo, de la Corte Interamericana, defensor ante la opinión de la expresidenta Kirchner, nos revela la clave del *Lawfare*; esa que a su juicio sufre la señalada mandataria pero que inventaron, casualmente, sus camaradas en Venezuela. De nuevo valga el ejemplo.

Citan el letrado y sus coautoras el uso que se hace, tras cada persecución o judicialización política del tipo criminal de la asociación para delinquir; lo que permitiría, en exégesis interesada, castigar a una persona vinculándola a una asociación de tal característica por el solo hecho de tener parte o relación con la misma, así no se haya concretado el propósito delictivo. El tipo lo habrían inventado los europeos "en tiempos en los que

---

37   Voto, Corte IDH. *Caso Escher y otros Vs. Brasil*. Excepciones Preliminares, Fondo, Reparaciones y Costas. Sentencia de 6 de julio de 2009. Serie C No. 200, párr. 13

38   Zaffaroni, Caamaño y Vegh Weis, *¡Bienvenidos al Lawfare!*, 2020

la huelga era un delito" y para, de tal forma, perseguir y castigar a los dirigentes sindicales.

Mediando una asociación así sea para realizar un hurto de muy baja penalidad, explican que, al asociado, por asociarse se le castiga severamente hasta con 10 años de cárcel. Es una forma de condenar a un sujeto, así no se reúnan los elementos para imputarle con propiedad un delito.

Zaffaroni se confiesa, así:

"La invención de una asociación ilícita tiene la enorme ventaja para la persecución política de exfuncionarios de que se siempre se puede involucrar a la cabeza del poder e incluso asignarle la función de organizador o jefe, que permite imponer más pena y, además, suena mucho más fuerte en la televisión".

Desde la acera liberal – que no la liberal americana, emparentada con el progresismo – tenemos la clara y amplia respuesta de Arantxa Tirado[39], quien mira con sus análisis al rostro actual de España:

"Hemos podido constatar cómo el *Lawfare* es un arma que se ha utilizado para la injerencia política y el cambio de régimen, con un objetivo de reconfiguración geopolítica de América Latina y el Caribe, pero no exclusivamente. El peligro de acudir a tácticas militares para dirimir conflictos sociales y políticos parecer cernir sobre territorios que se creían al margen de este tipo de situaciones, a las que veían más propias de los Estados periféricos y su permanente estado de excepción. Como mencionábamos…, el *Lawfare* está asomando en el Estado español, mostrando cómo las democracias liberales que se presentan como ejemplares de América Latina y el Caribe [incluida la norteamericana, cabe agregarlo] pueden también ser víctimas de esta novedosa subversión de la democracia liberal que viene a demostrar, una vez más, los límites reales que los poderes fácticos imponen a la existencia de una democracia que suponga un peligro para sus intereses de clase".

---

39   De la autora citada, *El Lawfare: golpes de Estado en nombre de la ley*, 2021

Diría, pues, que este es el corolario de la transición presentada como amenaza por Castro en 1989, tres décadas atrás: "Lo digo, y lo digo con calma, con serenidad y con toda la sangre fría del mundo … Nosotros no bromeamos".

IX. Sin Estado de Derecho y verdad judicial, no hay derechos ni democracia

Sin Estado de Derecho es la evidencia conclusiva, ni hay democracia ni cuentan con garantías reales los derechos humanos. Pierde la gente, el común de los mortales, mientras los detentadores del poder se atrincheran y protegen, todavía más en el plano que siempre se deja atrás por pudor, el de la alianza igualmente vicaria entre la política y el crimen transnacional organizado, que se presenta, explotando la mendacidad y apalancada sobre los medios cuánticos de comunicación digital, en el plan de redentora. Era más sincero, si cabe, el príncipe medieval y el moderno que mandan *legibus solutus*, a saber y como vuelve a recordarlo Calamandrei, entonces ocurre "la ilegalidad de los tiranos, sin medios términos y sin máscaras".

Benedicto XVI, en 2011, ante sus compatriotas de Alemania y desde el parlamento federal se refirió *in extensu* a los fundamentos del estado liberal de derecho. Sus párrafos, por pertinentes e iluminadores de su crisis, atenazado por la legalización de la ilegalidad, me sirven de epílogo e *in extensu* los transcribo[40]:

> "La política debe ser un compromiso por la justicia y crear así las condiciones básicas para la paz. Naturalmente, un político buscará el éxito, sin el cual nunca tendría la posibilidad de una acción política efectiva. Pero el éxito está subordinado al criterio de la justicia, a la voluntad de aplicar el derecho y a la comprensión del derecho. El éxito puede ser también una seducción y, de esta forma, abre la puerta a la desvirtuación del derecho, a la destrucción de la justicia. "Quita el derecho y, entonces, ¿qué distingue el Estado de una gran banda de bandidos?", dijo en cierta ocasión San Agustín.

---

40 Discurso del Santo Padre Benedicto XVI, Reichstag, Berlín, jueves 22 de septiembre de 2011

"Nosotros, los alemanes, sabemos por experiencia que estas palabras no son una mera quimera. Hemos experimentado cómo el poder se separó del derecho, se enfrentó a él; cómo se pisoteó el derecho, de manera que el Estado se convirtió en el instrumento para la destrucción del derecho; se transformó en una cuadrilla de bandidos muy bien organizada, que podía amenazar el mundo entero y llevarlo hasta el borde del abismo. Servir al derecho y combatir el dominio de la injusticia es y sigue siendo el deber fundamental del político. En un momento histórico, en el cual el hombre ha adquirido un poder hasta ahora inimaginable, este deber se convierte en algo particularmente urgente.

"El hombre tiene la capacidad de destruir el mundo. Se puede manipular a sí mismo. Puede, por decirlo así, hacer seres humanos y privar de su humanidad a otros seres humanos. ¿Cómo podemos reconocer lo que es justo? ¿Cómo podemos distinguir entre el bien y el mal, entre el derecho verdadero y el derecho sólo aparente? La petición salomónica sigue siendo la cuestión decisiva ante la que se encuentra también hoy el político y la política misma".

Papa Ratiznger, no obstante, es realista. No engaña ni tamiza de cara al «quiebre epocal» que nos acompaña y que se encuentra teñido de falacias, no solo políticas sino culturales, incluso insistiendo en las razones que fueran claras para el mundo occidental en el siglo XX y hoy se ven banalizadas por nuestra contemporaneidad. Capta, sin justificarla, a la «mentira en el alma» que se ha hecho presente con la judicialización de la política:

"Basados en esta convicción, los combatientes de la resistencia actuaron contra el régimen nazi y contra otros regímenes totalitarios, prestando así un servicio al derecho y a toda la humanidad. Para ellos era evidente, de modo irrefutable, que el derecho vigente era en realidad una injusticia. Pero en las decisiones de un político democrático no es tan evidente la cuestión sobre lo que ahora corresponde a la ley de la verdad, lo que es verdaderamente justo y puede transformarse en ley. Hoy no es de modo alguno evidente de por sí lo que es justo respecto a las cuestiones antropológicas fundamentales y pueda convertirse en derecho vigente".

Ocurre, en fin, lo que desde antiguo sabía y explicaba Platón en su texto sobre La República y refiriéndose a la verdadera mentira: «Nadie quiere ser engañado en la parte más noble de sí mismo, y con respecto a las cosas más señeras, y que, muy al contrario, eso es precisamente lo que más se teme».[41] Y la enseñanza se nos vuelve elemental.

El «régimen de la mentira» se ha vuelto a imponer no sólo por lo que visualizara Schmitt como crisis de la soberanía de los Estados – a quien no pocos tachasen como el jurista justificante del nazismo – o por las características acusadas de la gobernanza global en boga, que prescinde de la razón para afirmar a los sentidos, sino por haberse considerado culturalmente prescindible la esencias de la tríada democrática: Democracia, Estado de Derecho y derechos humanos, que se funda sobre las ideas de la transparencia y el derecho a la verdad.

A la caída de la experiencia comunista en Europa oriental, sobre la experiencia de la violaciones graves de derechos humanos que ocurren a propósito de la misma, con vistas al proceso de establecimiento de experiencias democráticas no por azar Vaclav Havel, quien es presidente de Checoslovaquia y luego de la república checa, se pregunta si acaso es un sueño querer fundar un Estado en la verdad; con lo cual apunta a las raíces de la civilización judeocristiana: la de la perfectibilidad humana y el ejercicio profundo del don de la libertad. Eso lo señalo en otro libro, que publico en 2012 y me sirven de epílogo dos de sus párrafos.[42]

Peter Häberle[43], quien recuerda y hace exégesis de la experiencia de Havel, promotor del derecho a la verdad, se plantea y nos plantea un asunto crucial, como lo es indagar sobre los límites de la tolerancia en la democracia y el Estado de Derecho. Se trata de una empresa similar a la que asume con buena fortuna Norberto Bobbio[44], cuando les fija límites a las mayorías en la democracia, señalando que ellas no pueden vaciarla de contenido con sus votos o negarle con éstos los derechos a las minorías.

Pero más próxima a la preocupación de Häberle es la que hace propia, *mutatis mutandi*, Esperanza Guisán[45], quien advierte sobre los límites

---

41   Platón, Obras completas, *La República*, 382b

42   Asdrúbal Aguiar, *Memoria, verdad, y justicia: Derechos humanos transversales a la democracia*, 2012

43   P. Háberle, *Verdad y Estado constitucional*, 2006

44   Norberto Bobbio, El futuro de la democracia, 2007

45   Esperanza Guisán, *Más allá de la democracia*, 2000

de los consensos democráticos predicando la democracia moral. El jurista y pensador quien es luz de la Alemania de nuestro tiempo – lo dice Emilio Mikunda, autor de la obra *Filosofía y teoría del Derecho en Peter Häberle*, 2009 -, cree, en suma, que sí "tiene sentido preguntarse si es posible que el Estado constitucional fije los límites dentro de los cuales exista la tolerancia y al mismo tiempo no se apoye ni en un mínimo de verdad, porque no puede decirse que sea posible tolerancia alguna sino hay un deseo por la verdad".

Condado de Broward, 4 de diciembre de 2023

Verba Volant Scripta Manent

El Derecho Internacional y su deconstrucción en el siglo XXI
de
ASDRÚBAL AGUIAR A
se imprimió en la República Argentina en
abril de 2024.

www.ingramcontent.com/pod-product-compliance
Lightning Source LLC
LaVergne TN
LVHW040319200726
843493LV00014B/741